Elogios para

Inteligencia financiera

"Hay dos libros que todo afroamericano en Estados Unidos debería tener y leer: *Caos o Comunidad*, del reverendo Dr. Martin Luther King, e *Inteligencia financiera*, de John Hope Bryant".

—Roland S. Martin, presentador/jefe de redacción de *NewsOne Now*, analista principal y único de TV One para *Tom Joyner Morning Show*

"John Hope Bryant ofrece un mensaje sencillo para el éxito personal y un mundo mejor. En un complejo, desafiante y confuso mundo, todos necesitamos claridad, honestidad y perspectiva, y este excelente libro tiene una gran cantidad de estos elementos".

—Seán Cleary, vicepresidente ejecutivo de FutureWorld Foundation

"*Inteligencia financiera* exalta la sabiduría y la educación extraídas de la oscuridad de la ignorancia, la falta de entendimiento y la autodevaluación que viene de la pobreza".

—Rev. Cecil L. "Chip" Murray, pastor jubilado de la iglesia First AME de Los Ángeles, profesor del Centro para la religión y la cultura cívica y cofundador del Centro para el compromiso de la comunidad Cecil Murray.

"*Inteligencia financiera* es un medio para que comencemos a nivelar el campo de juego económico y a crear un sentido de propiedad mucho más amplio en nuestro futuro económico compartido".

—Bryan Jordan, presidente y director ejecutivo de First Horizon National Corporation

"Las normas de Bryant para la liberación económica son aplicables a todos los que reconozcan que el capital interior es la divisa del éxito".

—Susan Somersille Johnson, vicepresidenta ejecutiva corporativa y directora de mercadeo de SunTrust Banks, Inc.

"Abraham Lincoln y Martin Luther King Jr. presentaron a los estadounidenses una visión que no se ha realizado. Este libro presenta un mensaje que es inspirador y práctico al mismo tiempo respecto a lo que se necesita para alcanzarla".

—Dr. Pekka Himanen, filósofo y cofundador de Global Dignity

"Por medio de la visión de John y su guía práctica para el bienestar económico descrita en *Inteligencia financiera*, creo que el camino hacia la prosperidad y la felicidad está muy al alcance de cualquier persona".

—**Zak Pym Williams, actor**

"Lee este libro y reclama tu poder de vivir con todo tu potencial".

—**Peter Ueberroth, director ejecutivo de The Contrarian Group y excomisionista de las ligas mayores de béisbol**

"John Hope Bryant presenta una fórmula para actualizar tu programación personal y entender cómo apalancarte en la sociedad actual".

—**Steve Case, presidente y director ejecutivo de Revolution y cofundador de AOL**

"Muchos de nosotros en los Estados Unidos hemos perdido nuestro norte. John Bryant te da esperanza. Todo lo que debes hacer es leer, escuchar y actuar. Todos podemos hacerlo. ¡Tú puedes hacerlo!".

—**Peter Georgescu, presidente emérito de Young & Rubicam**

"John Hope Bryant es un faro de luz para los descontentos económicos. Si alguna vez hubo una tienda de una ventanilla única de servicio para la vida del siglo XXI y asesoría profesional, es este libro".

—**Clare Woodcraft-Scott, director ejecutivo de Emirates Foundation**

"Este libro nos da la visión necesaria y herramientas prácticas de la vida real para ascender nuestra montaña financiera y disfrutar de la bella cima soleada que nos merecemos".

—Özlem Denizmen, emprendedor, líder joven mundial, autor y punta de lanza del movimiento de conocimientos financieros en Turquía

"Este libro entrega el ingrediente faltante en las vidas financieras de muchas personas de hoy en día: esperanza".

—Chris Gardner, propietario y director ejecutivo de Christopher Gardner International Holdings

"John da a sus lectores ejemplos crudos de su vida personal con la esperanza de capacitarlos para invertir en sí mismos, para que sean responsables y hagan del mundo un mejor lugar para todos".

—Reverendo Dr. C. T. Vivian, fundador de C. T. Vivian Leadership Institute

"La invitación de John a que las personas aspiren a construir algo tiene el poder de transformar a los Estados Unidos y al resto del mundo cuando los avances tecnológicos están haciendo que millones de empleos ahora sean obsoletos".

—Karim Hajji, director ejecutivo de Casablanca Stock Exchange

"John Hope Bryant una vez más ha escrito un libro esencial. Inteligencia financiera no es nada más que un manual de campo para el éxito en el siglo XXI".

—**Paul Smyke, director de North America y miembro del comité ejecutivo del Foro Económico Mundia LLC**

"*Inteligencia financiera* es una muestra fresca e inspiradora de cómo pensar respecto al dinero, el éxito y la plenitud personal".

—**Ellen Alemany, presidenta y directora ejecutiva de CIT Group**

"Este libro asegurará el desarrollo de riqueza no solo en términos de capital financiero, sino también por medio de la capacidad mental que lo hace vigente en todo momento".

—**Phuti Mahanyele, director ejecutivo de Sigma Capital**

"En una época en la que muchos creen que el sueño americano ha muerto, *Inteligencia financiera* ofrece esperanza en la forma de una prescripción para la prosperidad".

—**Frank Martell, presidente y director ejecutivo de CoreLogic, Inc.**

INTELIGENCIA FINANCIERA

INTELIGENCIA FINANCIERA

**Maneja tu capital interior
y prepárate para el futuro**

JOHN HOPE BRYANT

TALLER DEL ÉXITO

Dedicado a la clase invisible, los que batallan,
los que no son vistos, los que no recibieron
el mensaje de la inteligencia financiera.

CONTENIDO

PRÓLOGO

S i todo joven hiciera todo lo que John Hope Bryant recomienda en este libro, eso transformaría a los Estados Unidos y al mundo entero. Habría una gran explosión en el desarrollo de la humanidad. Veríamos millones de nuevos empleos, gran bienestar, y sí, fabulosos puntajes crediticios de costa a costa. Todos tendríamos más libertad.

Lo que John recomienda en este libro es simple y posible. Sus soluciones para muchos de los problemas de los Estados Unidos no tienen ningún costo. De hecho, las soluciones para ti, para mí y para nuestras ciudades y países son gratuitas.

Y no se nos pide hacer lo imposible. John solo nos desafía a ser lo mejor que podemos ser. Y nos dice justo cómo hacerlo.

Él nos dice que vivamos según nuestras capacidades, porque la responsabilidad financiera crea libertad. John nos dice que nos levantemos y trabajemos duro, porque no hay límites cuando tenemos grandes esperanzas. Él nos dice que tengamos una casa, que cumplamos lo que prometemos.

Entre todas las cosas, de lo que más habla John es de construir. Él dice que debemos convertirnos en "una nación de constructores".

John mismo es un constructor. Él construyó Operación HOPE, donde se enseñan habilidades financieras, y este programa ha cambiado millones de vidas. Él mismo tiene una vida exitosa y se ha convertido en un estadounidense famoso e importante que construyó algo. En este libro, nos desafía a construir también.

Cuando somos niños y jóvenes, nuestros familiares, maestros y amigos nos preguntan: "¿qué quieres hacer cuando seas grande?" o "¿qué clase de trabajo quieres tener?".

Literalmente, nadie nunca nos ha preguntado: "¿qué quieres construir?".

¿Qué tal si todos leyéramos este libro y cambiáramos nuestra forma de interrogar a las personas? Que en lugar de preguntarles: "¿dónde vas a trabajar?", les preguntáramos: "¿qué puedes construir?".

Sueña y construye cualquier cosa. Podría ser una empresa pequeña o mediana. O una empresa inmensa, con diez millones o diez mil millones en ventas. Todos cuentan y suman al total de los Estados Unidos y del mundo. Necesitamos cientos de miles de empresas pequeñas y medianas. Toda sociedad tiene la necesidad de que este tipo de empresas siempre estén surgiendo y despegando, de lo contrario la misma sociedad no se puede desarrollar.

Los jóvenes también pueden crear organizaciones sin ánimo de lucro pequeñas, medianas o grandes. Las entidades sin fines de lucro también crean energía económica. Impulsan el producto interno bruto (PIB) y crean trabajos reales, así como crecimiento verdadero en las ciudades y en los estados. Las mega-iglesias, un nuevo museo infantil, una cadena de guarderías de un día o las entidades sin fines de lucro para la salud en el hogar también hacen lo mismo, así como las obras de misericordia que ayudan a personas con discapacidades.

Todas estas organizaciones o instituciones requieren un modelo de negocio y un constructor hábil; de lo contrario, nunca van a despegar. Si no cuentan con un constructor nato, estas entidades nunca podrán crear nueva energía económica.

En algún punto de la vida de John, él decidió crear una gran entidad sin fines de lucro para hacer que los Estados Unidos y el mundo fueran un mejor lugar. John se levanta cada día para construir. Él nos dice que el emprendimiento es el gran método estadounidense y lo único que puede salvar a los Estados Unidos y a nuestra todopoderosa clase media.

El mayor punto de todos es que tú y yo, y todo el país, debemos crear un nuevo futuro para los Estados Unidos y el mundo. Pero eso se debe hacer de abajo hacia arriba en lugar de hacerlo de arriba hacia abajo. Creo que ese es el pensamiento más profundo que he escuchado en veinte años.

John tiene razón y este libro tiene razón.

Jim Clifton, presidente y director ejecutivo de Gallup, autor de *The Coming Jobs War.*

PREFACIO

La historia ha demostrado que, cuando las sociedades se desintegran, lo hacen comenzando desde la base y luego la cima cae hacia adentro.

Así que, a mi parecer, un aspecto del sentido común en el que todos debemos esforzarnos es en fortalecer la llamada base de nuestra sociedad. En especial, porque este es el grupo que siempre constituyó a los verdaderos luchadores.

La base es de donde vienen los constructores de la sociedad cada cien años más o menos. Debemos volver a convertirnos en "una nación de constructores".

Debemos seguir trabajando para revitalizar la esperanza y un sentido de oportunidad para las personas que están en la base, aquellos para quienes el sistema no está funcionando en este momento, a fin de crear un camino de avance. Expandir oportunidades, proveer un campo de juego equilibrado donde las reglas sean claras y haya juego limpio para todos y, en últimas, hacer disponibles las herramientas y los servicios esenciales para el verdadero empoderamiento de la persona. Estos son los objetivos de Operación HOPE.

Proveer dignidad para todos. Crear una economía para todos. Estos y más son los bloques de construcción de la esperanza.

En la actualidad, vivimos tiempos tensos y difíciles, comenzando con las tensiones raciales y la pobreza en los Estados Unidos hasta llegar a los asuntos de inmigrantes y pobreza en Europa, incluyendo las tensiones militares y la pobreza en medio oriente, la pobreza en América Latina o los conflictos con las autoridades de gran parte de Asia y el continente africano. Esto sin mencionar la tóxica mezcla de aquellas cosas en muchas partes del mundo verdaderamente afectadas. Sin embargo, hay algo consistente entre todas las regiones del mundo y es el desafío de la *pobreza*.

La pobreza de la que hablo es diferente a la pobreza de la que aprendiste en la escuela o que has escuchado en las noticias. La pobreza de la que aprendiste es lo que llamo la "pobreza del sostenimiento", una comprensión, en cifras, de los niveles en los que la comida, la vivienda y el cuidado de salud disponibles son insuficientes. Más allá de resolver las áreas de dignidad humana de importancia crítica en lo que se refiere a hambre, vivienda y otras necesidades básicas para la vida, la clase de pobreza de la que hablo aquí es la más devastadora para el espíritu humano.

Esta pobreza, que presenté inicialmente en la doctrina HOPE sobre la Pobreza en *How the Poor Can Save Capitalism (Cómo los pobres pueden salvar al capitalismo)*, es más que todo una de confianza perdida y estima devastada (50%).

Seguida de malos ejemplos y entornos represivos y negativos (el siguiente 25%).

El 25% final consiste en una falta de aspiración, que es una palabra clave para esperanza, y el no tener un camino claro hacia una oportunidad general.

La persona más peligrosa del mundo es una persona sin esperanza.

La pobreza del alma y el espíritu pervierte la buena dirección de una persona, conduciéndola a toda una multitud de cosas malas, incluyendo depresión y pérdida de esperanza. Este tipo de pobreza es peligrosa para la misma fábrica de una sociedad global sostenible. Es lo único que funciona contra nuestro propio bienestar en el mundo en general.

Creé Operación HOPE para combatir la pobreza en todas sus formas y matices.

La doctrina HOPE sobre el bienestar

Este libro es mi perspectiva del mundo, sus problemas y sus posibilidades vistos con un lente económico. A medida que desarrolle el libro, me referiré a la palabra de uso muy común 'capital ' de una manera diferente. La palabra 'capital' viene de la raíz latina capita o "conocimiento en la cabeza". En otras palabras, en su esencia, el capital no tiene nada que ver con el dinero. Y, por cierto, tampoco es el caso del término "riqueza sostenible".

Si le diera un millón de dólares a una persona sin hogar, esta persona estaría en la quiebra en seis meses. Si observo que un hombre adinerado no "tiene conocimiento en la cabeza", lo veré en la quiebra en una generación o dos. Como un antiguo proverbio inglés afirma: "un tonto y su dinero no tardan en separarse".

De la misma manera, en este libro presento una nueva doctrina HOPE sobre las riquezas, expresada a continuación y discutida muy a fondo más adelante en este libro.

La verdadera riqueza tiene poco que ver con el dinero. Mi propia riqueza, por ejemplo, vino de mi acogimiento al sistema de libre empresa, mi mentalidad de oportunidad, mi capital de relaciones (que es de importancia crítica), mi empuje emprendedor y, por último, mi inquebrantable confianza en mí mismo: mi capital espiritual. Todo esto lo presento en este libro.

Encontrarás que los ricos del mundo tienen confianza y autoestima (el primer 50% de la verdadera riqueza).

Ya sea mediante su familia natural o las personas que han conocido a lo largo de sus vidas, ellos también tienen buenos modelos a seguir y un entorno que los capacita (el siguiente 25%).

Por último, ellos tienen grandes aspiraciones (esperanza) y todos, por lo general, ven oportunidad en todas partes (el último 25%).

Juntos, ellos crean una fórmula para una nueva y alcanzable doctrina HOPE para la riqueza.

Pero, ¿cómo llegan las personas allá?

¿Cuáles son los bloques de construcción y los pasos a seguir cuando casi ninguno de estos factores capacitantes está presente en tu vida?

¿Cuál es la salsa mágica que los ricos y exitosos tienen que, por alguna razón, se ha perdido en las clases con dificultades?

Sin duda, no es porque un grupo sea mejor que el otro. No se trata de eso. He visto hombres y mujeres muy inteligentes sin hogar, y he visto tontos e idiotas con dinero.

La salsa que les hace falta es la inteligencia financiera.

¿Qué es y quién no la recibió?

Una gran mayoría de personas aquí en los Estados Unidos y alrededor del mundo tienen una cosa en común: nunca recibieron lo que yo llamo el mensaje de la "inteligencia financiera". Nunca se les dijo cómo funciona este mundo.

Cómo se prospera. Cómo se sobresale. A un nivel más defensivo y básico, ¿cómo te proteges de injusticias sociales y falta de juego limpio en el siglo XXI?

Estas son preguntas que abordo de forma directa en este libro. No es tanto un "manual de cómo hacer", sino más bien un "manual de cómo pensar".

Aunque he presentado la versión completa de la inteligencia financiera al comienzo del libro, todo lo que en realidad necesitas conocer se puede resumir en un par de frases:

Tu poder viene de la independencia económica, la cual también es lo que te protege contra la injusticia social, la manipulación económica y la generación de perfiles en todos los niveles. Debes obtener esta independencia

por tus propias fuerzas. Puedes ganártela por tu propia cuenta. No desperdicies tiempo o enojo. En lugar de ello, usa tu capital interno para nivelar el campo de juego.

La gran mayoría de personas que nunca recibieron este mensaje de la inteligencia financiera constituyen lo que llamo la "clase invisible". Los hay de todas las formas, colores y tamaños.

La clase invisible incluye la clase joven urbana de los Estados Unidos, la cual tiene mucho tiempo en sus manos. Incluso cuando estos jóvenes tienen una verdadera pasión por el éxito y un deseo de libertad económica, no tienen suficiente educación para diferenciarse en un mercado económico. Lo peor de todo es que no tienen suficientes oportunidades reales en sus vidas para dirigir su atención lejos del peligroso y alterador atractivo que tienen las calles.

Esto también incluye a adultos en regiones rurales, en pequeñas poblaciones que solo tienen educación secundaria, buenas manos y una ética de trabajo muy arraigada que, hace cincuenta años, les habría dado la oportunidad de ganar un "salario familiar" solo por sus habilidades de clase trabajadora. En la actualidad, estos "activos" no dan mucho valor real aspiracional.

Estas personas de las que hablo están presentes en los suburbios pobres y desconectados de ciudades en toda Europa. Estoy hablando de personas en las áreas justo a las afueras de Paris y Londres, que en los últimos años se han amotinado contra los cambios que ven en su forma de vida.

Hablo de las grandes andanadas de personas menores de veinticinco años en la región de medio oriente, África del norte y, cada vez más, en la mayoría de la población en países como Arabia Saudita y Marruecos. Jóvenes, educados, interconectados, sin trabajo y frustrados.

La clase invisible son los inmigrantes que inundan países huyendo de tierras de todas partes del mundo devastadas por guerras civiles.

La clase invisible incluye a pandilleros y dirigentes de pandillas. Son los emprendedores ilegales, no éticos, que el mundo conoce como traficantes de drogas. Tontos (en términos de sus planes de negocios y profesiones tóxicas que han elegido seguir), pero muy lejos de ser estúpidos.

Algunos miembros de la clase invisible se unen al Estado Islámico (ISIS), porque no encajan en ninguna otra parte y se resienten ante lo que consideran la injusticia del mundo.

La clase invisible también incluye a los estadounidenses de clase media que luchan, personas que ganan en promedio cincuenta mil al año y todavía les queda "mucho mes cuando ya se les ha acabado el dinero".

La clase invisible se conforma de las personas fuera del sistema del éxito económico. Ellas, en realidad, no saben por qué están fuera, así que es comprensible que se frustren con ello, se enojan contra ese sistema. Estas personas no saben cómo avanzar en medio de su creciente competencia global por empleos y oportunidades. En los Estados Unidos, por ejemplo, estas son personas que en realidad no son "vistas" por la economía, por los políticos, por los creadores de políticas públicas, por los intereses de las grandes empresas o incluso en gran medida por los académicos y los medios. Pero, más que todo y de forma creciente, estas personas ni siquiera se ven a ellos mismos. No ven su propio potencial. Ellos, como la nación de grandes aspiraciones en la que viven, han perdido lo que yo llamo su "historia", han perdido conexión con esa salsa especial en Estados Unidos que hizo que esta nación tuviera éxito en un comienzo. Ellos se han desconectado por completo del hecho de que la mayoría de la riqueza en esta nación, y en casi cualquier otro país desarrollado en el mundo (con la excepción de riquezas por medio de contratación con el gobierno o el crimen), provino de los pobres.

La clase invisible se conforma de las personas que experimentan una crisis del siglo XXI en la que hay carencia de confianza y fe personal, lo cual afecta su autoestima.

Las personas en este grupo están rindiéndose ante el temor y rindiéndose ante la esperanza de poder hacer realidad sus sueños. Ni siquiera piensan que a sus hijos les va a ir mejor que a ellos. A decir verdad, están muy seguros de que a sus hijos les va a ir peor.

Las personas en la clase invisible no se sienten vistas y, de esto estoy seguro: todos queremos ser vistos. Todos queremos saber que valemos. Todos queremos saber que importamos y que lo que creemos, hacemos y pensamos es importante. Este grupo equivale a más de ciento cincuenta millones de personas en los Estados Unidos de América y más de cinco mil millones de la población de siete mil millones en todo el mundo.

Estas son personas, blancas, negras, morenas, rojas o amarillas que nunca recibieron el mensaje de la inteligencia financiera.

Las personas de este grupo tienen mucho en común (a pesar de las diferencias raciales), pero han sido incitadas a estar en contra los unos de los otros.

"Alguien (que no sea yo) debe ser el culpable del desorden que tengo en mi vida", dice la narración, aprovechándose de los profundos temores de un ambiente de clase y estándares de vida en constante declinación.

Esta narrativa es ofensiva para el alma, porque a cada subgrupo lo aleja más de las verdades esenciales respecto a sus vidas, verdades necesarias para un nuevo despertar con respecto a su potencial.

¿Para quién es este libro?

Al escribir este libro, mi demografía cambió. Se expandió.

Escribí este libro, porque en mi cerebro persiste la idea de que las ochenta y cinco personas más ricas tienen más dinero que 3,5 mil millones de personas en el planeta, y esto, en términos simples, no es sostenible. Es inmoral. No es bueno, incluso para las riquezas que pertenecen al club de esas ochenta y cinco personas.

Y aún más perturbador para mí es que, en los Estados Unidos, el 1% de personas más ricas capturaron el 95% del crecimiento después de la crisis financiera desde el año 2009, mientras que el 90% se empobreció más.

Este libro es para ese 90% inferior.

Este libro no es solo para personas con bajos puntajes crediticios en vecindarios arruinados. Es para todos los que están luchando. Hablo de negros, blancos, ricos y pobres, republicanos y demócratas, todos aquellos que ven que se les va la vida y quieren recuperar su sueño.

Este libro es para ti, no importa cuál sea tu condición. Quizás hayas obtenido una o dos de las cinco reglas de la independencia económica, pero todavía no te sientes económicamente independiente. Quizás tengas un puntaje crediticio de 725, pero pasas todo el día ante la computadora y tus relaciones se están menguando, y no puedes salir adelante. Quizás estás ahí sentado pensando: "si estoy haciendo todo lo que debo hacer y sigo luchando, entonces el sistema debe estar sesgado".

No, en realidad solo hay algo importante que nadie te dijo. Nadie te dio el mensaje de la inteligencia financiera.

Este libro lo escribí para ti.

Cuando se trata de buscar soluciones para todos nosotros, por lo general no abordo asuntos de etnicidad y división. Sin embargo, creo que debo hablar de ello, porque estos aspectos están vinculados tanto a nuestra historia como a nuestro futuro. Entonces, debo abordarlos antes de que avancemos.

Este libro es para todos, en efecto, es para la mayoría de las personas de todo el mundo que viven de sueldo en sueldo, para todos aquellos que les queda mucho mes por recorrer cuando ya se les ha acabado el dinero, incluyendo a la luchadora clase media. También hablo directamente a los afroamericanos, porque estoy convencido de que, más que cualquier otra raza de las que tenemos, se ha visto violentamente afectada por no haber recibido el mensaje original de la inteligencia financiera.

Así no es como se suponía que iba a suceder después de la Proclamación de Emancipación. El primer mensaje para los afroamericanos data de 1865 y la visión del presidente Lincoln de tener un "banco de hombres liberados" con la misión radical de enseñar a esclavos libres a manejar el dinero e introducirlos al sistema de libre empresa.

Lincoln y Frederick Douglas sabían que la verdadera libertad para esclavos liberados dependía de la autodeterminación y que, en el mundo moderno, no se puede ser "auto determinante" sin entender las empresas y el capitalismo. O, para citar al líder de los derechos civiles y mi mentor, Andrew Young: "vivir en un sistema de libre empresa y no entender la libre empresa debe ser la definición misma de la esclavitud".

La alianza entre Lincoln y Douglas se desvió con el asesinato de Lincoln, así que hoy he decidido retomar su trabajo, es decir, enseñar las reglas básicas de capital e independencia económica a los que más necesitan conocerlas.

Es fácil enojarse y frustrarse. Y también hay buenas razones. Pero nada de eso te ayudará, nada de eso te dará poder económico.

En lugar de aquello, convierte tu ira en energía positiva.

Considera a un fabricante de trajes que no sabía que podía ser propietario de una empresa con el nombre Ryan Taylor. Él fue uno de los primeros clientes de Operación HOPE y escribí sobre él en *How the Poor Can Save Capitalism* (*Cómo los pobres pueden salvar el capitalismo*).

Ryan vino a mí siendo un hombre joven con el sueño de trabajar para una casa de modas de New York, pero tuve que decirle de inmediato que probablemente nunca lo contratarían. Resulta que él es afroamericano, pero también podrías decir que no tenía el capital de relaciones correcto como para ser visto. Él hacía parte de la clase invisible.

Nadie lo conocía en el mundo de la moda, el cual es un cerrado círculo de relaciones como ningún otro. Ellos enganchan a sus amigos y a los amigos de sus amigos, a las personas que conocen y se parecen a ellos. Le dije que no se enojara por eso, que así es como funciona el mundo.

Le dije que debía concentrarse en ser el que hacía los cheques y no el que los cobraba. Le dije que debía enfocarse en ser el propietario de su propia casa de modas en lugar de tratar de trabajar para otra persona que en realidad no lo quería.

Ryan se tomó el tiempo para asegurar sus conocimientos y entendimiento de cómo funcionan el dinero y el sistema de libre empresa. Él aumentó su puntaje de crédito durante varios meses para poder obtener la aprobación de un préstamo por parte de un banco pequeño para contar con el capital necesario para su naciente empresa de acuerdo con un programa establecido. Ryan desarrolló su seguridad interior y su confianza en sí mismo y en sus habilidades.

Él salió de la clase invisible para siempre y comenzó a triunfar, pues recibió el mensaje de la inteligencia financiera. Hoy en día, yo le compro mis trajes ejecutivos a Ryan Taylor.

Este libro te obliga a mirar algunos de los aspectos más controversiales de la vida a través de un lente económico y desde una perspectiva no emocional, así como lo hizo Ryan.

Ya es hora de empezar el juego, sacar el verdadero poder y luego volver a empacarlo con un enfoque en la clase invisible. Te garantizo que el juego no es lo que crees.

Aprendamos a ganarlo.

EL MENSAJE

El verdadero poder en este mundo viene de la independencia económica. Esto también es tu protección básica contra la injusticia social, la manipulación política y la segmentación por perfiles.

Nadie puede darte independencia económica, debes ganártela por tu propia cuenta.

Tú y solo tú puedes obtener este poder de la manera en la que manejas tu "capital interior". Este capital está hecho de tu mentalidad, relaciones, conocimiento y espíritu. El capital financiero (dinero o riquezas) es una función de cómo inviertes tu capital interior.

Si tienes capital interior, nunca podrás ser verdaderamente pobre. Si no tienes capital interior, no podrás ser libre, así tengas todo el dinero del mundo. Cuando tienes satisfechas tus necesidades básicas de sustento (alimento, agua, salud y un techo sobre tu cabeza), la pobreza tiene más que ver con lo que hay en tu cabeza que con lo que hay en tu cartera.

CINCO REGLAS SENCILLAS PARA LA INDEPENDENCIA ECONÓMICA

1.   **Vivimos en un sistema de libre empresa**, adóptalo.

2.   **Tu mentalidad genera o pierde dinero y riquezas**, tú eliges.

3.   **Tus relaciones son inversiones.** Crea capital de relaciones comenzando contigo mismo.

4.   **No te limites a conseguir empleo**, sé emprendedor.

5.   **El capital espiritual es el comienzo de la verdadera riqueza**, posee tu propio poder.

LA RECEPCIÓN DEL MENSAJE

En abril 7 de 2016, hice lo que, en mi opinión, sería una muy buena rutina de entrevista radial con el comentador y amigo Roland Martin. El tema estaba dando la vuelta en nuestra ciudad y en nuestras comunidades menos favorecidas, y asumí que sería una discusión directa. Aquí no hay drama, pensé.

Estaba muy equivocado.

Durante el curso de la entrevista, mencioné algo que, de manera incorrecta, asumía que todos ya sabían: la esclavitud, en primera y gran medida, fue de carácter económico. Se trató de dinero y riquezas antes de tratarse de cualquier otra cosa. Consistía en tener mano de obra gratis.

El tablero de conmutadores de la estación de radio se encendió.

Proseguí a explicar que la esclavitud, tan inmoral y cruel como en efecto lo fue, en esencia y en su núcleo, consistió en construir un país sin ningún costo, y en crear riquezas para algunos (por ejemplo, los propietarios de plantaciones del sur) por medio de lo que llamo el "mal capitalismo".

El tablero de mensajes de *Roland Martin Show* estaba enloquecido, y no de una buena manera. Yo no tenía idea de lo que estaba sucediendo, solo seguía hablando.

Para mí, esto era simple sentido común. Para mí, no era un asunto emocional. Era tan solo un paquete de factores estadísticos que todos debíamos entender y un problema que debíamos solucionar: ¿cómo avanzamos?

No era que no sintiera la injusticia. La sentía y la siento. Mi bisabuelo paterno nació en una plantación del sur en Deep South, Mississippi, para ser exacto.

Mi abuela materna dio a luz a sus hijos en una pequeña casa en Alabama, llevando luego a su familia al relativamente lujoso San Luis Este (para los que no conocen San Luis Este, "relativamente lujoso" es una broma).

Sí, entiendo la injusticia. Sí siento el dolor.

Pero también sé que mis sentimientos y emociones respecto a ello no ayudan a reparar este mal, no nos ayudan a avanzar más allá de los efectos de ese periodo, muchos de los cuales persisten incluso en la actualidad.

Sabía que iba a necesitar mi cerebro para esa tarea. También necesitaba tener claridad en mi mente y no ser emocional. Necesitaba trabajar del cuello para arriba.

Pero mis oyentes aquel día veían las cosas a través de un lente muy diferente. Estaban enojados. Conmigo.

Durante el transcurso de la entrevista, expliqué que, en el año 2016, todavía tenemos una versión de lo que llamo esclavitud moderna en nuestros propios vecindarios urbanos y en las zonas céntricas de las ciudades, y esta llamada esclavitud es económica en todo el sentido.

En estos lugares, un total del 99% de todos nuestros desafíos más apremiantes y preocupaciones diarias, incluyendo el desempleo, el crimen, los crímenes violentos, las altas tasas de homicidios, las altas tasas de abandono escolar, los alarmantes niveles de la educación más básica, la estructura familiar descompuesta y una abrumadora falta de vivienda y empresas propia, se concentraban en vecindarios con puntajes crediticios de 500.

Literalmente, puedes tomar un mapa de puntajes crediticios de 500 y ponerlo sobre todos los peores problemas que plagan las comunidades en donde residen las personas que integran nuestra clase invisible, urbanas, suburbanas y rurales. El mapa y los problemas coinciden a la perfección.

Pero, para mí, en realidad no se trata de puntajes de crédito, sino de identificar líneas de tendencia y puntos de intersección que son poderosos pero imperceptibles, que son, o podrían ser, transformadores para las comunidades. Los puntajes de crédito son indicadores principales, líneas de tendencia para el tipo de energía presente en un vecindario.

Para mí, los puntajes de crédito, muy a diferencia del racismo, sesgo o discriminación e infinidad de otras cosas que afectan a la clase invisible (y en especial a los afroamericanos) a diario son fantásticos, porque son muy medibles.

Estos puntajes son solo un poderoso ejemplo de un indicador científico no emocional del éxito que te deja sentir bien respecto al progreso que estás teniendo. Puedes ver cómo los cambios que estás haciendo mueven tu puntaje hacia arriba en el cuadro y, créeme, un incremento de 100 puntos en tu puntaje crediticio indica un mejoramiento en tu vida ¡en torno a mucho más que solo tu puntaje! Indica más opciones, más libertad, más esperanza.

Pero mientras estaba ocupado siendo racional y no emocional respecto al tema, grandes porciones de oyentes estaban enfadándose cada vez más, atacándome donde pudieran encontrarme en las redes sociales.

Descubrí esta minicrisis de confianza (en mí) dentro de mi propia comunidad cuando iba hacia el aeropuerto en Washington, D.C. Era mala y constante. No podía dar a basto con el bombardeo de críticas, además de personas que me llamaban el tío Tom negro, en un constante flujo de frases intercambiables. Yo estaba siendo víctima de matoneo y recibiendo ataques desmedidos en las redes sociales más que todo en mi cuenta de Twitter.

Por fortuna, pude hacer a un lado todas esas críticas para pensar con claridad, una vez más, con la cabeza, respecto a lo que, en realidad, estaba sucediendo y lo que era verdaderamente importante. Pronto vi que ciento cuarenta caracteres en Twitter no eran suficientes para comunicar lo que había querido decir.

Lo que no sabemos que no sabemos

Recuerdo que tuve pensamientos poderosos respecto a lo que estaba escuchando y experimentando aquel día:

1. Somos emocionales en nuestras reacciones a los problemas.

2. Nos frustra sentir que no nos escuchan o no nos determinan.

3. Muy a menudo nos "enfada la vida".

4. Peor que todo, nos estamos volviendo cínicos como si fuera una norma nueva y constante.

Recuerdo esa poderosa cita de Malcom X en la que lamenta: "Te han atrapado. Te han engañado. Caíste en la trampa...".

Es justo lo que pensé que estaba sucediendo en ese momento. Pero, en esa ocasión, éramos *nosotros* los que nos estábamos engañando a *nosotros mismos.*

No podíamos escuchar, y mucho menos analizar, una presentación clara y amplia de los factores, porque nuestras emociones habían tomado el control. Y cuando eso sucede, en realidad gana el racista que todos desprecian y contra el que todos se oponen. Cuando nuestras emociones nos distraen de las verdades reales, entonces la esperanza muere. Y lo único que conozco, por cierto, tras mis veinticinco años con Operación HOPE, es que la persona más peligrosa del mundo es una persona sin esperanza.

Decidí que debía hacer algo.

Creía que había todo un conjunto de elementos, realidades, e incluso oportunidades, que se estaban perdiendo al mismo tiempo, porque estábamos demasiado concentrados en nuestro propio dolor. Sentíamos que ese dolor nos hacía invisibles, que no nos escuchaban y que no éramos importantes, así que nos decidimos a hacer notorio nuestro dolor.

¿Es comprensible? Sí. ¿Pero es productivo? No.

Creo que ser miembro de la clase invisible de hoy y, sin duda, la capacidad que tengamos para dejar de hacer parte de esa clase mañana no tienen tanto que ver con nuestra historia y sí tiene más que ver con nuestros puntajes de crédito (y lo que hacemos para aumentarlos).

Creo que recibir el mensaje de la inteligencia financiera activa soluciones muy reales y sostenibles para una amplia mayoría de problemas que plagan mi comunidad y otras comunidades de personas pobres, con dificultades e impotentes en todo el mundo (por ejemplo, la clase invisible), incluyendo mis hermanos y hermanas de raza blanca justo aquí en las áreas rurales de los Estados Unidos.

Yo quería compartir ese mensaje con mis disidentes. Pero, primero, necesitaba recuperar la posición de visibilidad, así como también algo de dignidad.

No podía comportarme como un mocoso y esconderme tras los muros seguros de mi cómoda casa y mi tranquila vida privada.

No podía limitarme a volver a mi exitosa vida de negocios, porque no me gustaba la respuesta que había recibido de mis oyentes.

Debía dar un paso al frente. Aunque estaba convencido de que mis oyentes eran muy brillantes, en este caso, lo que nos estaba destrozando no era lo que no sabíamos que no sabíamos, ¡sino de lo que creíamos saber! Así que respondí.

Recurrí a una herramienta que acababa de descubrir (también por medio de Roland Martin) llamada Facebook Live.

Grabé un corto video de ocho minutos en mi ruta hacia el aeropuerto, lo titulé "Esclavitud moderna" y lo hice en vivo, para no retractarme después y no publicarlo.

Grabé un mensaje apasionado y poderoso, salí del auto y me dirigí directo a la terminal del aeropuerto, preparándome para la avalancha de lo que a mi parecer serían críticas mucho peores.

El mensaje central de video fue este:

Mientras nos ocupamos con nuestro enojo, desgastándonos cuando perseguimos un racismo y un fantasma que se parece al monstruo del armario en nuestra niñez, en los vecindarios urbanos, céntricos y rurales con pocas oportunidades, está sucediendo otra cosa que es muy real y tangible, ¡y tú sí puedes ver y hacer algo al respecto!

Esto es lo que hay en todas y cada una de esas comunidades: una oficina para cambio de cheques al lado de una oficina de prestamistas que está al lado de una tienda de alquiler con opción de compra, al lado de una tienda de alquiler de rines (sí, hablo de rines de veinte pulgadas para tu auto, de los que traen giradores incorporados), y esa tienda está al lado de una tienda de licores.

¿Qué quiere decir esto? Significa que una industria de crédito basura de un trillón de dólares no solo se está aprovechando de ustedes, sino que están robándolos con eficacia, a ustedes y a sus seres queridos, y a la vista de todos. A plena luz del día.

Y no solo están aprovechándose de comunidades afroamericanas en sí. Su objetivo son los consumidores con puntaje de crédito de 500, sin importar cuál sea su raza. Es literal, ellos son su objetivo. Te aseguro que verás todos los colores del arcoíris en los rostros de las personas que hacen fila en las oficinas de préstamo sobre nómina.

Si vives en áreas rurales de escasos recursos en los Estados Unidos, verás las mismas tiendas de cambios de cheques, los mismos escaparates arruinados, las mismas opciones de comida de mala calidad que verás en los vecindarios pobres de zonas urbanas. Si vives en una base militar, las cuales tienen a personas de todas las razas, verás gran parte de lo mismo, además de otros negocios que indican desespero y depresión.

¡Vaya!, dado nuestro bajo nivel de conocimientos financieros y entendimiento del dinero y la economía de mercado, ahora están comenzando a ver las mismas cosas en vecindarios de clase media que tampoco recibieron el mensaje de la inteligencia financiera.

Así que, hoy, estos grupos se sienten igual de ignorados e invisibles como las juventudes negras de nuestras ciudades. Todos quieren sentir que son vistos.

Mi punto fue que la base de todos nuestros problemas es de naturaleza económica. Pero con mucha frecuencia, muchos de nosotros vemos el *estatu quo* económico como algo normal.

No es normal.

¿Y cuál fue el resultado de mi audaz réplica? Este video de ocho minutos fue visto más de tres millones de veces, recibió once mil comentarios y fue compartido veinte mil veces, y el 95% de los comentarios fueron positivos, de apoyo y respaldo.

Mejor aún, la abrumadora audiencia de afroamericanos en los comentarios fue la que comenzó a hacer retroceder los comentarios críticos que me hacían ver como el Tío Tom negro. Ellos no solo les explicaban a los demás lo que yo quise decir, sino que también les decían que estaban 100% de acuerdo con ese principio y conmigo.

Entonces ¿qué haremos al respecto?

La mayoría de los que comentaron con respuestas positivas a mi video entendieron que el racismo es como la lluvia: o cae en alguna parte o se está reuniendo en otra parte. Y tú puedes sacar un paraguas y comenzar a caminar, el racismo no va a cambiar, así que los que debemos cambiar somos nosotros.

Fue en ese momento en el que supe que teníamos la oportunidad para tener un nuevo movimiento, uno que podía liberar a la clase invisible de los predadores y de la indiferencia para cambiarnos (es decir, empoderarnos) a nosotros mismos, porque no siempre podemos cambiar la ignorancia y el atraso de los demás que nos rodean.

En esencia, el mensaje de la inteligencia financiera dice esto: sé y reconozco que estamos tratando con problemas serios de inequidad e injusticia. ¿Y AHORA QUÉ? ¿Qué vamos a hacer al respecto?

Lo que hacemos es cambiar nuestra narrativa viviendo bien. De eso se trata este libro. *La inteligencia financiera* te da cinco reglas sencillas para avanzar hacia la independencia económica. Te prometo que estas normas se aplican a ti a donde sea que te encuentres y quienquiera que seas.

Avancemos.

NORMA NÚMERO UNO

Vivimos en un sistema
de libre empresa,
adóptalo

El dinero mueve el mundo desde el momento en el que te levantas hasta cuando pones tu cabeza en la almohada para dormir. De hecho, ¡incluso el dinero interviene en todos los aspectos de tu vida mientras duermes!

Estoy hablando de TU vida, no de alguna persona que no conozcas y con la que nò te puedes relacionar. No hablo de la economía de una ciudad, del balance de resultados y utilidades de una compañía, de la identidad, la marca o el PIB de un país. Estoy hablando de TI.

¿No me crees? Está bien, eso es comprensible. Mira esto:

Te levantaste esta mañana a las 6 a.m., 7 a.m., 8 a.m. o a la hora que haya sido. ¿Qué fue lo que te levantó? ¿La alarma de un reloj, una alarma en tu teléfono celular o teléfono inteligente? Eso es dinero, amigos. (De hecho, es más que eso. Es emprendimiento, que es lo que abordo en la Regla Número 4 de este libro). Tú o un ser querido invirtió dinero en efectivo que requirió esfuerzo para ese reloj de alarma o teléfono. Nadie lo obtuvo gratis.

Hiciste a un lado las sábanas que alguien compró, te paraste de la cama que alguien compró y pusiste tus pies en el piso de una casa o departamento que alguien está pagando (incluso en la mayoría de las viviendas públicas los propietarios pagan una porción de la renta con su propio dinero).

Te pusiste unas pantuflas que alguien compró y entraste al baño para cepillarte los dientes, con pasta dental y cepillo que alguien pagó.

Te lavaste con jabón y te secaste con toallas que alguien compró.

Luego fuiste al refrigerador que alguien compró y te alimentaste con comida que alguien compró, quizás esa misma semana.

Cuando saliste, apagaste las luces y otros servicios que tú o alguien más está pagando.

Entraste en un auto por el que pagas, probablemente con una mensualidad.

Lo encendiste y, en un lapso de quince minutos, miraste el medidor de combustible. Si estaba bajo, entraste a una estación de gasolina y pagaste de inmediato por ese combustible.

Dejaste a tus hijos en una guardería cuando ibas rumbo al trabajo y, aunque las señoras allá son muy amables y queridas, de seguro no cuidan tus hijos llenos de energía solo por hacerlo. Les pagas a esas esforzadas personas para que los soporten. (Sonríe. Estoy seguro de que tus hijos son ángeles). Al ir tarde para llegar al trabajo después de dejar a tus hijos en la guardería, un agente de policía te hizo detener por conducir rápido en la calle o quizás te hayan multado por conducir en el carril de autos compartidos cuando solo ibas tú con el muñeco inflable.

El oficial de policía, que no pudo haber sido más amable en este punto, no quería excusas. No quería disculpas. No quería escuchar tu triste historia o la promesa de no volver a hacerlo. Quería tu dinero para las arcas de tu ciudad, así que te hizo la multa. Y tú no te enfadaste, solo la pagaste, a menos, desde luego, que el radar hubiese estado mintiendo (risas).

Te estresaste para salir hacia el trabajo temprano, digamos que a las 8:30 a.m., no porque ames la puntualidad, sino porque valoras tu empleo. Un trabajo que ojalá ames o al menos disfrutes y te sea gratificante, pero enfrentémoslo: es un empleo que te proporciona un salario. Te pagan por estar ahí, que en parte es la razón por la que estás ahí.

Y aunque amaras tu trabajo tanto como para estar dispuesto a hacerlo gratis si pudieras darte ese lujo, es probable que no te esforzarías tanto por llegar antes de las 8:30 cada mañana.

Si te dieran una opción y completa libertad económica, probablemente llegarías a la hora que quisieras a ese trabajo. Y esta es la razón por la cual mi querida madre jubilada, que trabajó duro toda su vida para criar a sus hijos para construir su propio nido y para ocuparse de sus responsabilidades, ahora tiene una tarjeta de negocios solo con su nombre y nada más.

A mi madre no le interesa que nadie que a ella no le agrade la contacte ahora que puede darse el lujo de elegir con quien pasa tiempo. El dinero hizo que mi madre llegara a tiempo al trabajo todos los días durante más de treinta años ahora permite que mi madre se levante a la hora que quiera. Por cierto, ella tiene un puntaje crediticio de 850.

Así que, el hecho de que llegues a tiempo a trabajar cada mañana (al menos espero que ese sea el caso) se trata solo de dinero. ¡Tu dinero! Y también está esto: alguien te valora lo suficiente como para pagarte por que estés ahí.

¿Se te está encendiendo la bombilla?

Como mi mejor amigo, Rod McGrew, me dijo una vez: "hasta el medidor de estacionamiento donde dejaste tu auto camino a casa para comprar algo de alimento para la comida ha entendido el capitalismo".

Todo lo que hace el medidor es estar ahí todos los días, recolectando ingresos pasivos de manera impresionante, ingresos que tú y todos los demás pagan cuando quieren dejar su auto ahí por horas. Todos los días.

Y tampoco te enojes con el medidor de estacionamiento. Los ingresos que genera permiten que la ciudad en la que vives recaude suficiente dinero para pagar servicios públicos para ti y tu ciudad.

Miremos, por ejemplo, a mi amiga Tishaura Jones, tesorera de San Louis, quien usó los recaudos de medidores de estacionamiento para financiar la educación financiera para los residentes de su ciudad. Ella incluso hizo alianza con Operación HOPE y cinco bancos locales (que se benefician de depósitos que hace la ciudad en sus bóvedas) para crear y lanzar la primera ubicación HOPE Inside en el Ayuntamiento de la Ciudad de San Louis, donde ha estado operando con orgullo hasta hoy. Todo esto se hizo sin que representara algún costo directo para los residentes de la ciudad, gracias a las brillantes ideas de Tishaura. (Y, por cierto, las clases de educación financiera, vivienda propia, pequeñas empresas y emprendimiento, están todas LLENAS: eso me encanta y también debería gustarte a ti).

Ahora, de vuelta a un día cotidiano en TU vida:

Vuelves a casa después de comprar algo para la cena, que también se pagó con el dinero de alguien, y tú y tu familia se sientan a la mesa, usando platos, cubiertos e incluso servilletas y toallas de papel que tú o algún ser querido pagó. Después de cenar, quizás te sientas a ver la televisión de pantalla grande que sin duda alguien pagó.

Y así sucesivamente.

Esta rutina continúa hasta que vas a la cama usando cosas y servicios que abarcan cada aspecto y momento de tu vida y que implican el uso del dinero. Incluso cuando estás bien dormido, (tu) dinero está trabajando.

Y luego, como magia, toda la rutina vuelve a comenzar. Cuando te levantas de seis a ocho horas después, todo vuelve a repetirse. Así como la película el Día de la marmota.

Pero la mayoría de nosotros nunca lo nota. Seguimos la rutina, sin percibir el elefante que está en la sala de nuestras vidas. El dinero.

¿Pero, dónde comenzó todo esto? Nacimos siendo brillantes, ¿correcto? Entonces, cómo todo terminó tan mal, no solo dimos un giro por la calle equivocada, sino que tomamos la vía rápida equivocada, en la dirección equivocada, rumbo a la ciudad equivocada.

La respuesta es: nunca recibimos el mensaje de la inteligencia financiera.

Aquí vamos de nuevo: por qué me encantan los puntajes crediticios

Si nunca recibiste el mensaje y eres un miembro inscrito en la clase invisible, puedo predecir algunas cosas básicas sobre tu situación económica. Primero, tus finanzas personales no están juntas, quizás algunas de las facturas que tienes en la mesa de tu cocina tiene sellos rojos que dicen "vencida". Más aún, no conoces (o no quieres conocer) tu puntaje crediticio. Segundo, es probable que tus finanzas familiares no desbordan esperanza. No eres propietario, rentas y no estás ahorrando dinero para la educación de tus hijos. Y, con toda probabilidad, no tienes ningún plan de negocios. No te ves algún día dirigiendo una empresa y no podrías obtener un préstamo empresarial así acabaras de inventar el mejor producto después del cuchillo Ginsu.

En resumen, vas en la dirección errada en lo que respecta a uno de los tres caminos básicos de la independencia financiera.

Comencemos por el principio. Los principios de conocimientos financieros vienen de entender cómo nuestras compras y deudas contribuyen a un número invisible (para la clase invisible) que determina nuestro destino económico: el puntaje crediticio.

Una gran y creciente porción de empleadores (más del 40% al momento de escribir esto) exigen verificar el puntaje crediticio antes de contratarte. Eso quiere decir que no importa cuán inteligente o preparado puedas ser o cuán brillante tu hijo graduado de la universidad pueda ser, si tu reporte de crédito o el de tu hijo es malo, bien puedes olvidarte de ese empleo. Sin embargo, hay esperanza. Este es un desafío con el que puedes hacer algo al respecto. Mira uno de nuestros clientes en HOPE Inside Ebenezer (la iglesia a donde asistió el Dr. Martin Luther King en Atlanta), la señora Eboni Brown.

Esta es la historia de Eboni en sus propias palabras:

Me inscribí para participar en la comunidad con puntaje crediticio de 700 después que no obtuve el trabajo de mis sueños. La razón por la cual no me contrataron fue por mi puntaje crediticio. Era demasiado bajo y tenía muchas deudas atrasadas.

Aunque dudaba que podía ser aceptada (porque mi puntaje crediticio era muy inferior a 700), me llené de gozo y emoción cuando recibí el correo electrónico diciendo que había sido aceptada para hacer parte del programa. Esa era la oportunidad que necesitaba para recibir orientación y motivación, así como un plan para tomar el control de mis agobiantes deudas y de un puntaje de crédito que iba en decadencia.

Después de ir a la primera sesión, me emocionó ver que no era la única persona con problemas de deudas, y que iba a hacer parte de un grupo de personas con la misma manera de pensar y que estaban deseosas de poner en orden sus finanzas.

Aprendí muchas cosas durante mi participación en la comunidad con puntaje crediticio de 700. Lo primero, y creo que fue lo más importante, fue que tu puntaje crediticio no puede cambiar de repente, requiere tiempo y paciencia, y trabajar un día a la vez.

También aprendí a evaluar mi estilo de vida. Debía determinar la raíz del problema. ¿Estaba viviendo una vida de caviar y champán con un presupuesto de Wendy's y Coca-Cola? ¿Eran los errores que había cometido siendo una joven adulta que ahora me estaban afectando? ¿No ganaba suficiente dinero?

A decir verdad, era una combinación de todo lo anterior.

Así que, según los principios que aprendí en la clase, comencé a hacer un presupuesto de mi dinero y a vivir según mis ingresos. Hice a un lado la idea de que nunca iba a ser libre de mis deudas y a tener un excelente puntaje, y llené mi mente con pensamientos más positivos.

Después de adaptarme a mi nuevo estilo de vida y mentalidad, estaba muy deseosa de informarle a mi entrenador todas las cosas que había puesto en orden y de escuchar sus opiniones. Durante esa sesión, aprendí que el trabajo que había hecho durante un margen de tres meses había aumentado mi puntaje crediticio en 52 puntos. A la fecha he aumentado mi puntaje en 78 puntos.

Sigo aplicando los conceptos que aprendí con el programa y espero aprender más. Me emociona cruzar la línea de meta de un puntaje crediticio de más de 700. ¡Todo es posible!

Una comprobación de crédito no necesariamente es una comprobación de carácter, pero hace casi lo mismo en el mundo donde vivimos hoy.

Eboni eligió no discutir con la realidad, sino cambiarla. Ella decidió ganar.

Si quieres comenzar una nueva empresa o comprar una casa, la financiación que buscas girará en gran medida alrededor de tu historia crediticia personal. Esto lo conozco de primera mano.

Siendo un emprendedor con mil y un ideas en mi adolescencia, tuve un puntaje crediticio muy malo. Estoy hablando del rango de crédito de 500 puntos. Cuando cumplí dieciocho, no tuve hogar por seis meses en Los Ángeles, California. Las cosas se tornaron tan malas y la presión y las llamadas acosadoras de parte de los acreedores eran tan intensas, que incluso consideré presentar documentos de bancarrota personal. Me alegra no haberlo hecho, pero nada fue fácil durante ese periodo.

Recuerdo que, en aquella época, firmé un contrato de autofinanciamiento para pagar intereses de más del 18% para comprar un auto. Hoy, pago 1.99% por un préstamo de automóvil.

Firmé una bomba de tiempo, quiero decir, una nueva tarjeta de crédito, que me cobraba el 23% anual en intereses. Desde luego, me la vendieron como "dinero gratis" y en mi cabeza tenía mucho sentido. Hasta que tuve que pagarlo todo.

Sin problema habría podido hacer el trámite de bancarrota, y no juzgo a quienes creen que deben hacerlo, pero sabía que yo mismo había creado ese desorden, así que yo mis debía responsabilizarme y salir de la situación.

Nadie me había obligado a tomar todos esos créditos o a firmar esos contratos (que no leí, aunque me dijeron que lo hiciera). Eso hice. No necesité ayuda para acabar con mi vida financiera. Hice un trabajo muy bueno yo solo.

Mi mentor, el exembajador ante las Naciones Unidas, Andrew Young, dice que "los hombres fallan por tres razones: arrogancia, orgullo y codicia".

Yo no estaba lleno de codicia, pero sí estaba lleno de orgullo. El orgullo mata. Debía superarlo y superarme a mí mismo.

En una nota relacionada, los afroamericanos son los célebres reyes y reinas en gastar dinero innecesario, acumulando más de un billón de dólares en pagos anuales, con casi nada tangible como contraprestación.

Zapatos deportivos Air Jordan y cubiertas de teléfonos celulares con joyas no cuenta. Tampoco cuentan los autos, ya que comienzan a devaluarse cuando salen del concesionario.

En resumen, no somos dueños de NADA.

Siempre me choca cuando los atletas profesionales toman préstamos de cuatro millones para comprar cosas y, cuando sus vidas se derrumban, no pueden pagar, en ese momento el banco es "racista" y "opresor". ¿Cómo? ¿Qué?

Ni dijimos nada de ser oprimidos cuando nos dispusimos a tomar esos ridículos préstamos y acuerdos de crédito. Y, sin duda, habría muchas reclamaciones de sesgo y discriminación si desde un principio nos negaran los préstamos en cuestión.

No, nueve de cada diez veces, los negocios no son divertidos. Solo nos han embaucado. Nos han robado a plena luz del día. Y luego nos enfadamos.

Bien, mientras estamos ocupados enojándonos y lanzando consignas por el poder negro o haciendo cualquier otra cosa, en realidad lo que el prestamista quiere es su dinero de vuelta. Y, si no podemos comprobar que hubo fraude o dolo, tendremos que pagar. O decir que no podemos hacerlo. Así de simple.

Perder en las mesas de ruleta en Las Vegas no está a la altura de un Dr. King escribiendo la "Carta desde una cárcel de Birmingham". No es necesario llamar a la

Asociación Nacional para el Progreso de las Personas de Color (NAACP, por su sigla en inglés). Ellos tienen mejores cosas que hacer que desperdiciar tiempo con alguien sobre tonterías. Nosotros debemos hacerle frente a nuestro drama. Yo traté con el mío.

Sabía que mi nombre era todo lo que tenía. Yo era mi activo principal y básico. Debía proteger mi buen nombre así le doliera a mi bolsillo y afectara mi orgullo en el corto plazo. Sabía que mi nombre (y mi historial financiero) serían mi firma y mi tarjeta de llamada para el resto de la vida, y tenía sueños que quería alcanzar. Era hora de ponerme manos a la obra.

Mi puntuación crediticia estaba apenas por encima de 500 (era muy mala, por cierto). Mi puntuación crediticia de hoy está alrededor de 750. Mi calidad de vida cambió mucho cuando mi puntaje superó los 600. Todo cambió. Mi autoestima, mi seguridad y mi sentido de bienestar, todo eso cambió. Mis opciones y el hacer realidad mis sueños fueron más fáciles.

Para mi propia sorpresa, mi proceso de toma de decisiones también mejoró. Como casi todas las cosas importantes en la vida, esto en realidad se trataba de mi propio crecimiento. Este crecimiento se reflejaba en el estado de mi perfil y mi puntaje crediticio. Así mismo, dentro de mi propia comunidad, creo que cuando nuestra bien conocida reputación de consumismo negro la reemplace un legado sostenido de acumulación de riqueza negra, comenzando con puntajes crediticios más altos, no solo veremos una comunidad con opciones, un alto grado de bienestar, estabilidad familiar y mayor autoestima, sino que veremos una raza que ha comenzado a cambiar su futuro. El cambiar tu puntaje de crédito no es un juego que va ligado "al hombre" que trata de mantenerte abajo o "el sistema" que te oprime. El sistema no compró ese televisor que ahora está averiado con un crédito malo de la tienda de renta con opción de compra. Saber eso hace parte de recibir el mensaje de la inteligencia financiera.

¡Así es!

Operación HOPE entra en el juego de puntajes de crédito

Hace varios años, Lance Triggs, uno de los principales tenientes de nuestro movimiento de derecho al dinero y un querido amigo que también dirige una división de Operación HOPE, comenzó a experimentar influenciando de manera positiva los puntajes de crédito de nuestros clientes mayores. Los resultados fueron asombrosos (para nosotros) y liberadores (para ellos). (El derecho al dinero habla de empoderamiento: cómo hacemos la transición más allá de dar el pescado y enseñar a pescar, a ser propietarios del bote y del mismo estanque. Es sobre ganar más, pero también sobre tomar decisiones financieras más inteligentes con el dinero que tenemos).

Lance y su grupo de Operación HOPE habían mejorado de manera consistente los puntajes de crédito en un promedio de 120 puntos para nuestros clientes en un periodo de veinticuatro meses. Lo interesante es que, en el proceso de aumentar sus puntajes crediticios, ellos (sin saberlo) habían logrado mucho más para los clientes:

- Los conocimientos financieros y el coeficiente intelectual financiero mejoraron.

- La confianza, el bienestar personal e incluso la autoestima mejoraron.

- Las opciones de los clientes se expandieron y profundizaron, y sus tomas de decisiones se hicieron radicalmente diferentes. ¡Incluso sus elecciones cambiaron con relación a las personas que querían tener como compañeros!

- Casi de repente, dejaron de preocuparse por sus vidas.

- No volvieron a reaccionar ante lo que les sucedía y comenzaron a responder.

- Dejaron de tomar decisiones emocionales.

- Dejaron de acomodarse y volvieron a soñar.

- Dejaron de ser víctimas y comenzaron el proceso de volver a hacerse cargo de sus vidas.

En resumen, comenzaron a recuperar el control sobre las brújulas internas de sus vidas. Como diría mi amigo Bill George: ellos recuperaron su "verdadero norte". Esto hace parte integral de recibir el mensaje de la inteligencia emocional. La causa número uno de infartos, dice la Asociación Americana del Corazón, es el estrés, y la principal causa de estrés, señoras y señores, es el dinero. *Todo* está conectado. Una de las principales causas de divorcio también es el dinero. Y la razón principal por la cual nosotros los chicos de raza negra y morena dejamos la universidad no es por razones académicas, *sino el dinero*.

Lance y nuestro equipo también ayudaron a que nuestros clientes crearan archivos de crédito que a menudo llamaban "archivos de crédito grueso", los cuales incluyen copias de declaraciones de renta, facturas de teléfono y servicios, declaraciones de seguros y otros formularios legales de crédito que no se muestran en un informe crediticio tradicional.

Al combinar nuestro trabajo de perfil de crédito alternativo con nuestra creciente experiencia en ayudar a clientes a incrementar sus puntajes de crédito mediante medios tradicionales y con otras poderosas herramientas financieras tales como el Crédito de Impuesto de Renta Ganado (EITC, por su sigla en inglés y sí ganas menos de cincuenta mil al año es probable que califiques para un EITC. ¡Considéralo!), comenzamos a ver vidas cambiadas justo ante nuestros ojos.

Un veterano militar vino a una de nuestras locaciones de HOPE Inside en el sur de California. Había estado viviendo en un refugio para personas sin hogar donde estábamos dando clases gratuitas sobre conocimientos financieros. Los banqueros voluntarios de HOPE, a quienes les habíamos pedido que participaran en la sesión, no sabían qué esperar al comienzo. Se preguntaban si estaban perdiendo el tiempo, pero mi equipo sabía que esa sería una oportunidad para que los bancos desarrollaran negocios para esos clientes, ¡al mismo tiempo, los banqueros estaban haciendo algo bueno y creando nuevos clientes sostenibles! El refugio para personas sin hogar donde había vivido aquel hombre les pedía a sus clientes que hicieran tres cosas: que trabajaran, que fueran a la clase de conocimientos financieros de HOPE y que ahorraran el 80% de sus ingresos. Este caballero lo estaba haciendo todo. Trabajaba, iba a las clases y ahorraba mucho.

Pocos meses después de nuestra primera salida de conocimientos financieros en el refugio, el mismo hombre les dijo a los de mi equipo que estaba listo para ir a abrir una cuenta bancaria. Entró a la sucursal y sorprendió a todo el mundo cuando abrió una cuenta valorada en cincuenta mil dólares en efectivo. ¡Así es!

Como la mayoría de las personas, este hombre no quería una mano que lo ayudara, él quería una mano que lo levantara. Solo necesitaba de alguien que creyera en él. Necesitaba que alguien le diera el mensaje de la inteligencia financiera. Le dimos este mensaje y lo levantamos, pero sin duda él se nos adelantó. Cuando vives en una era económica como la nuestra, los problemas del día no son tanto de raza sino de clase. Se podría argumentar que el color importante de hoy no es blanco, negro, rojo, moreno o amarillo, sino verde, que es el color de la divisa de los Estados Unidos.

En un mundo económico, un puntaje crediticio de 700 no garantizará justicia, pero puede cambiar tu vida. Y no solo hablo de lo que puedes comprar, hablo de cómo te sientes contigo mismo y respecto a tu futuro. La verdadera riqueza consiste con cómo te sientes contigo mismo.

La definición de libertad del siglo XXI es la autodeterminación. Puedes cambiar tu vida, comenzando ahora mismo. Esto hace parte de recibir el mensaje de la inteligencia financiera.

Ahora compra una casa

El mensaje con respecto a ser propietario de vivienda en los Estados Unidos es muy sencillo, es el código de impuesto. El código de impuestos beneficia claramente a quienes son propietarios. Si eres el dueño de tu propia casa, obtienes deducciones de hipoteca que valen su peso en oro. Si has hecho tu tarea y has aumentado tu puntaje de crédito, el gobierno de los Estados Unidos te ayudará con gusto a pagar esa casa.

Las deducciones de impuestos sobre hipotecas combinadas con la valorización constante de la propiedad establecen a todas luces que una compra de vivienda es tu mejor cobertura contra la pobreza si eres de clase media o inferior.

En otras palabras, si eres miembro de la clase invisible, ser propietario es la única mejor manera de ser "visto" en el sistema de libre empresa de los Estados Unidos. En un solo movimiento, pasas a ser una parte interesada, un contribuyente de impuestos, un ciudadano comprometido y es ahora más probable que votes.

En los primeros años como propietario de tu nueva vivienda, casi el 100% de los pagos de tu hipoteca es deducible de impuestos contra tus ingresos. Eso significa que, además del beneficio de tener vivienda propia, recibes una devolución anual de ingresos por medio de deducciones de hipoteca.

En la actualidad, aproximadamente el 65% de los ciudadanos de los Estados Unidos son propietarios de vivienda, pero, por desgracia, a muchos grupos minoritarios, miembros fundadores de la clase invisible, se les ha dicho de forma errada que no deberían tener su casa propia. Esto, sin duda, es incorrecto. Es un consejo muy malo para los trabajadores pobres de este país y muy seguramente en cualquier otra parte.

Si quieres enviar a tus hijos a la universidad, tu mejor opción para hacerlo es retirar capital de tu casa en veinte años cuando tus hijos estén listos para ir a la universidad.

Si quieres comenzar una empresa o comenzar con pagos iniciales para que tus hijos sigan el camino correcto comprando casas para ellos, entonces, para la mayoría de las personas, la única mejor oportunidad de lograr esto es sacando capital acumulado de sus casas.

Ahora, ¿este experimento de vivienda propia podría terminar mal? ¿Podrías terminar con menos dinero de lo que vale la casa? Sí, eso es posible, pero también es posible que termines en la quiebra absoluta en treinta años después de toda una vida de trabajo porque elegiste no correr ningún riesgo. Para citar a Chelsea Clinton, "preferiría que me atraparan tratando de hacer el bien".

La conclusión es, si eliges rentar, gastarás X cantidad de dólares al mes pagando la hipoteca de la casa de otra persona, lo cual puede estar muy bien para ti, por cierto. Solo entiende lo que estás haciendo. Como mi amigo Rod McGrew diría: "un intercambio justo no es robo".

En cuanto a mí, no me interesa entregar sin ningún inconveniente veinticinco mil dólares a un inversionista que no conozco (o un promedio de dos mil en renta mensual para una familia típica de clase media) o incluso cincuenta mil (un promedio de renta anual en Manhattan y otros distritos con elevados precios de renta) del dinero que he ganado con tanto esfuerzo para que ellos puedan construir capital en sus portafolios de bienes raíces. Para mí, rentar una casa o un departamento cuando puedo comprarlo es como abrir una ventana y tirar baldes de dinero por ella.

Pero está bien si lees esto y aun así prefieres rentar un lugar para vivir. Las personas como yo, que somos propietarios de bienes raíces de viviendas unifamiliares y multifamiliares para la renta, te necesitamos a ti y a muchos más como tú para seguir alquilando. Solo quiero presentarte el sistema tal como es para que puedas decidir.

En este mundo, debes decidir si quieres ser el que escribe los cheques o el que los cambia. Un inversionista o un consumidor. Un desarrollador o un empleado. Ambos son buenos y ambos son necesarios, pero hay una diferencia en la mentalidad, y es una decisión que tú debes tomar.

El ser propietario de vivienda funciona, porque el gobierno tomó una decisión de política pública que fue buena para los Estados Unidos y, por así decirlo, las personas recibieron el mensaje de la inteligencia financiera. Pero el tener vivienda propia es tan viejo como los mismos Estados Unidos. Aunque los intereses de hipotecas en lo que se relaciona con viviendas unifamiliares es algo relativamente reciente en la historia de los Estados Unidos, la vivienda propia en forma de granjas en la era agraria ES la esencia de este país. De hecho, la propiedad privada, la propiedad de tierras y granjas es lo que impulsó a estos primeros estadounidenses a interesarse en la política pública. Dicho en otras palabras, la propiedad privada fue una de las principales razones para involucrarse en política y en propiedad pública.

En la actualidad, la vivienda propia es, en muchos aspectos, el fondo de cobertura de los pobres. Durante el extenso recorrido de nuestra historia, ha sido una de las mejores maneras en las que una familia promedio puede protegerse contra la disminución de ingresos y comenzar a construir riquezas.

La vivienda propia hace parte de recibir el mensaje de la inteligencia financiera.

Al recordar mis años de infancia en Compton, recuerdo a un amigo del vecindario y a su familia. Mis amigos de la niñez de la familia Gutiérrez eran afortunados, así como sus padres, el señor y la señora Gutiérrez, quienes habían inmigrado desde México. Según el éxito que ellos presenciaron durante su niñez en Compton, mis amigos sabían que había una forma de salir de la pobreza que todos experimentamos.

Recuerdo que ellos eran propietarios de sus casas, y todos los que hacían parte de la familia, una muy grande, vivían ahí. Trabajaban juntos. Jugaban juntos. Ellos crearon un ecosistema familiar efectivo según sus propias reglas, a las cuales todos se habían acogido con el fin de tener aspiraciones y alcanzar el éxito. Sus reglas eran sencillas y directas: mantén limpia tu nariz, no te metas en problemas, completa tus estudios, encuentra un empleo (en especial, no tengas un hijo antes de tener una esposa o un esposo Y UN EMPLEO), ahorra, invierte, compra una casa, duplícate en el trabajo y, por sobre todo, no te detengas.

Ellos tenían su propio mensaje familiar, y lo distribuyeron entre todos hasta que cada uno lo tuvo. Todos mis amigos de esa familia encontraron caminos de éxito hacia el futuro, y no dudo que el señor y la señora Gutiérrez están orgullosos del resultado.

Sin embargo, en el vecindario había otros chicos cuyas familias no se acercaban al mismo tipo de cohesión. De hecho, sus familias eran un desorden. Vivían en alquiler, no eran propietarios. Pero, lo peor de todo, es que la mayoría de sus padres no tenían un mensaje familiar de la inteligencia financiera o ni siquiera veían la necesidad de tenerlo.

Ahora ve y construye algo

Durante mi niñez en Compton, California, un banquero vino a mi salón de clases y nos dio un curso sobre conocimientos financieros. Lo recuerdo como si hubiese sido ayer. Todo el mundo se abrió para mí cuando este hombre nos enseñó acerca de lo que ahora llamo el idioma mundial del dinero.

Él llevaba puesto un traje azul y una corbata roja. ¡Recuerdo que era un traje muy bueno! Era de piel blanca, pero eso no me molestó. En lo que a mí respecta, bien había podido ser verde (como el color del dinero estadounidense).

Recuerdo que le pregunté: "señor, ¿usted en qué trabaja y cómo se hizo rico, fue de forma legal?". Y yo hablaba muy en serio.

Verás, casi nadie en mi vecindario usaba traje de negocios ni tenía un empleo profesional con un salario. Casi todos trabajaban en un sueldo por horas. Nadie en mi vecindario tenía una tarjeta de negocios, no había emprendedores y había muy pocos propietarios de pequeños negocios. De todas formas, el caballero me dijo que era banquero y que financiaba a emprendedores. Lo único que recuerdo fue que pensé, no sé qué es un emprendedor, *¡pero quiero ser uno!*

Al año siguiente, comencé mi primera empresa a la edad de diez años con un préstamo de cuarenta dólares, mucho amor, un poco de ánimo por parte de mi madre y un activo ejemplo a seguir por parte de mi padre, quien de hecho era propietario de un pequeño negocio. Hoy soy emprendedor y fundador de una organización mundial de impacto económico para "los menos favorecidos" que se llama Operación HOPE, con un salario de seis cifras cada dos semanas.

Lo hice siguiendo las reglas que mi madre, mi padre, los modelos a seguir, la sociedad y los maestros pusieron delante de mí, reglas que, a su vez, me ayudaron a crear un entorno con esperanza, donde pude soñar grandes sueños y prosperar. Sin embargo, para muchos en la clase invisible, de cualquier color y vecindario, esta historia es una excepción muy poco común, no es la norma. Y esto es lo que debemos cambiar.

Hoy necesitamos que, cada año, un millón de jóvenes se decidan a construir algo. Cualquier cosa. Todo.

Necesitamos una generación de constructores. Necesitamos que inicien empresas.

Necesitamos que se vuelvan emprendedores.

Cuando no pueden encontrar empleos, necesitamos que ellos mismos generen los empleos.

Cada año, necesitamos un millón de jóvenes que decidan retomar el control de sus vidas.

De hecho, los Estados Unidos necesitan un millón de nuevas microempresas cada año para volver a ganar. Necesitamos un millón de nuevas empresas cada año para resolver la crisis de empleo que hay en los Estados Unidos (datos de Gallup). Pero no estoy siendo ingenuo. No creo que, de este millón de nuevos propietarios de empresas y emprendedores todos van a tener éxito... al menos no en los negocios. Estadísticamente, la mayoría de los propietarios de nuevas microempresas van a fracasar. ¿Entonces, qué se puede hacer? El éxito para mí consiste en ser resiliente y desarrollar personas resilientes. Consiste en ser positivo, concentrado, incansable y nunca darse por vencido. Como dice el dicho: el éxito es pasar de un fracaso a otro sin perder el entusiasmo.

El éxito en los negocios no es la meta. La meta es ser resiliente.

Es desarrollar líderes. Es desarrollar una nación de constructores.

Y mientras estamos ocupados haciendo esto, desarrollando a una nueva generación de líderes y constructores positivos, seguros y firmes, nos estamos comprometiendo con encontrar un nuevo (o más) Steve Jobs o Reginald Lewis (búscalo) en nuestras comunidades urbanas y rurales. Y ESTA es nuestra salsa mágica.

La realidad es que toda gran empresa en algún momento fue pequeña. Todos los que hoy tenemos uñas con manicure, tuvimos antes de nosotros antepasados con tierra bajo sus uñas. Ellos no eran personas con "modales" para estar a la mesa, ¡pero ellos hacían la mesa! Sin duda, ellos hicieron posible que todos hoy podamos sentarnos a la mesa del comedor.

Pero olvidamos todo eso.

Asumimos que los ricos siempre fueron ricos. Eso no es cierto.

O que los pobres están destinados para siempre ser pobres. Eso no tiene por qué ser verdad.

El hecho es que los Estados Unidos y la mayor parte del mundo libre fueron construidos por emprendedores y soñadores, la mayoría de los cuales comenzaron siendo pobres y nada sofisticados.

¿Qué era Walmart sino un hombre llamado Sam Walton con educación secundaria, un mostrador y un camión de carga? A partir de un humilde comienzo, él construyó la cadena minorista más grande del mundo que hoy en día es el mayor empleador de afroamericanos, adultos mayores y mujeres en todo el mundo.

¿Qué fue UPS (Unites Parcel Service) más que la visión de un hombre llamado Jim Casey con cien dólares y una bicicleta? Hoy en día, UPS no solo es una compañía mundial de logística con cuatrocientos mil empleados, sino que también es una de las aerolíneas más grandes del mundo.

¿Qué fueron las revistas *Ebony y Jet* sino una apuesta que hizo un joven llamado John H. Johnson que tomó prestados quinientos dólares de su madre para iniciar lo que ahora es uno de los emporios editoriales más grandes que sirve a los ciudadanos afroamericanos? Lo mismo se puede decir de Earl Graves, otro afroamericano con un sueño quien creó la revista *Black Enterprise* o, como yo la llamo, el *Wall Street Journal* negro. Y también Edward Lewis, sus socios y mi amiga Susan Taylor, quienes juntos desarrollaron la revista *Essence* partiendo de un sueño hasta convertirla en una marca tan importante y valiosa que Time Warner pagó muchos millones para comprarla.

Tenemos muchas de estas historias en nuestras vidas. Pensamos que todas las grandes compañías siempre han sido grandes y lo que queremos es trabajar allá.

Una encuesta reciente realizada por *USA Today* encontró que la mayoría de los jóvenes quieren graduarse de la universidad y encontrar un empleo en un puñado de grandes y reconocidas compañías, empresas que en gran parte *no están contratando personal*. No es que tengan algo contra ti, sino que las grandes compañías, en lo que respecta a su crecimiento, no están en el negocio de contratar personas. Su negocio es la eficiencia. Y la eficiencia a ese tamaño y escala viene mucho más con la tecnología que con las personas.

¿Pero quién tiene tanto amor por las personas como para contratarlas? Las pequeñas empresas y los emprendedores, ellos sí.

La mayor parte del crecimiento en nuevos empleos en los Estados Unidos y el mundo viene de emprendedores, de empresas nuevas y en crecimiento, entre los tres y siete años de existencia.

Según Gallup, la mitad de las compañías en los Estados Unidos tienen cien empleados o menos. Cerca del 70% de todas las compañías en los Estados Unidos tienen quinientos empleados o menos.

Y menos de mil empresas en los Estados Unidos emplean más de diez mil personas, tan pocas que puedes nombrarlas.

Si estás listo para crear algo por tu propia cuenta, Operación HOPE está para ayudarte a hacerlo, así como muchos otros también. Si sientes que ya eres un emprendedor, ten la libertad de saltar a la Regla Número 4 y aprende cómo crear tu propia economía que funcione para ti.

Por qué no te interesa tu libre empresa

Espero haber plantado una semilla que te ayude a ver el poder que tienen las metas financieras sencillas, tales como mejorar tu puntaje de crédito, comprar una casa e iniciar una empresa. Más que to Sdo, quiero que tengas éxito, pero haría mal si parara acá. Este libro no se trata solo de que escapes de la clase invisible, sino que todos nosotros, nuestros vecinos, nuestras comunidades y nuestras iglesias lo hagan.

Tu salud financiera está directamente relacionada con tu poder, tu seguridad y tu futuro, pero también con el poder la seguridad y el futuro de tu comunidad. Si no me crees, viaja conmigo a Ferguson, Missouri.

Ferguson estaba muriendo en el año 2014 después de la muerte de Michael Brown, pero no tanto por las razones que puedas tener en mente.

En primer lugar, por favor, no tomes nada de lo que diga a continuación respecto a la economía de Ferguson y sus empresas como algo para minimizar la trágica muerte de Michael Brown y el vacío que dejó entre sus familiares o las fallas que tuvo el pueblo para impartir justicia e igualdad de oportunidades para todos. Eso es suficiente material para otro libro. Ferguson necesita justicia y derechos igualitarios, pero también creo que es hora de que abordemos las cosas que están muriendo en Ferguson y que no aparecen en las noticias de la noche o en los anuncios de protesta.

Estoy hablando de la muerte de pequeñas empresas y empleos y, junto con ellos, la resiliencia tanto de personas como de la comunidad en la que en otro tiempo fue una vibrante ciudad estadounidense.

Aquí no hablo de empleos estatales en un gobierno grande o en grandes empresas, ni siquiera hablo de grandes empresas en sí. No hablo de los mal llamados capitalistas malvados que controlan miles de millones y ordenan nuestras vidas desde lejos. Ni siquiera hablo de las empresas que jugaron un papel negativo en la creación de un entorno de crisis, como fue el caso durante los disturbios de Rodney King en 1992.

Hablo de pequeñas empresas de propiedad de mamá y papá, tales como estaciones de combustible, tiendas de conveniencia, y salones de belleza. Cuatro millones de los seis millones de empresas en Estados Unidos que emplean una persona o más en toda la nación.

Hablo de pequeñas empresas que, en promedio, reciben cien mil cada año, quizás doscientos cincuenta mil en un año muy bueno y que, como resultado de esto, permiten que los propietarios pongan techo sobre las cabezas de sus hijos y alimento en la mesa, puedan enviar a sus hijos a la universidad, pagar sus impuestos y salir de vacaciones una vez al año. Estos son los capitalistas responsables de más del 70% de todas las empresas en los Estados Unidos y la gran mayoría en todo el mundo. Son como tú y como yo, y destruirlos a ellos es también destruirnos a nosotros.

Los siguientes son algunos ejemplos de estas pequeñas empresas en Ferguson:

Quick Trip: incendiada durante los primeros disturbios en torno a Michael Brown.

Ferguson Market: saqueado la noche siguiente.

El querido Red's BBQ, una reconocida y bien respetada institución comunitaria: saqueada y destruida.

Ninguna de estas y muchas otras pequeñas empresas afectadas por los disturbios tenía relación con las injusticias que se estaban dando en Ferguson, pero muchas de ellas nunca volvieron a abrir sus puertas. Algunas ni siquiera tuvieron el deseo de volver. Esta comunidad, que tenía pocos empleos de los cuales hablar antes de la crisis en torno a Michael Brown, tuvo muchos menos después de que todo se vino abajo.

Y lo que Ferguson necesita, en especial la juventud de Ferguson, casi tanto como la necesidad de justicia social y criminal, es EMPLEO. Solo escucha lo que un chico de once años, Marquis Govan, le dijo a la Comisión de San Louis, la cual estaba analizando esta crisis. "No necesitamos más gases lacrimógenos, necesitamos empleos" ("Conozca la voz de la razón en un chico de once años", CBS Newsm septiembre 21 de 2014,http://www.cbsnews.com/news/meet-an-11-year-old-voice-of-reason/). Inteligencia y soluciones de uno de los futuros líderes de Ferguson.

¿Pero cómo puede alguien saber qué es lo que de verdad necesita (empleos) y cómo hacer para que los haya en un lugar como Ferguson? La realidad es que estos más recientes y bien intencionados residentes de Ferguson, Missouri, nunca recibieron el mensaje de la inteligencia financiera. Casi una de cada cuatro personas que viven allá está por debajo de la línea de pobreza y la tasa de vivienda propia es la más baja en todo el estado.

Esta falta de entendimiento del sistema de libre empresa en los Estados Unidos y de no saber cómo crear una vida sostenible por cuenta propia no solo está impulsando el desempleo (junto con el crimen) en lugares como Ferguson, sino que también explica por qué un joven como Michael Brown, que en otras circunstancias tendría un futuro brillante, robó unos pocos cigarros en una tienda en lugar de encontrar alguna manera de pagar por ellos.

Las personas que durante los últimos cien años consideraron a Ferguson como su hogar, hasta alrededor del año 2000, sí recibieron el mensaje. Sus madres y padres se lo entregaron, así como sus mentores y amigos que eran propietarios de sus casas y de sus empresas. Y, por desgracia, la mayoría de esos residentes de mucho tiempo también controlan las posiciones de poder en el gobierno de Ferguson, así como del sistema de justicia. Ahora sabemos que los departamentos de policía que no reflejan la estructura cultural o racial de los vecindarios que protegen pueden conducir a grandes problemas.

Cuando entiendes mejor la situación de los que nunca recibieron el mensaje de la inteligencia financiera, es más fácil ver cómo esto conduce a una baja tasa de empleo, baja calidad de vida, comunidades con necesidad de recursos y, en consecuencia, mayor índice de criminalidad y saqueos. Los hechos y las estadísticas detrás de la verdadera Ferguson son muy sorprendentes. Te presento solo uno: según la Corporación de Seguros de Depósitos Federales, Ferguson, Missouri, representa la brecha racial más amplia de ciudadanos que no usan el sistema bancario en toda la nación.

Así que, sí, debemos procurar avanzar en nuestra agenda de justicia social en Ferguson, pero también debemos dejar de matar a la gallina de los huevos de oro: las pequeñas empresas y el espíritu emprendedor. Y no solo en Ferguson, sino en todas y cada una de las comunidades establecidas aquí y al rededor del mundo.

Recuerda, una persona en quiebra no puede ayudar a que los pobres de Ferguson escapen de su pobreza. O, citando al ya fallecido Shimon Peres (exprimer ministro y presidente de Israel), cuando lo vi por última vez en Jordania: "Así desees distribuir dinero como un socialista, primero debes comenzar a recolectarlo como un capitalista".

Vivimos en un sistema capitalista de libre empresa. Es hora de adoptarlo.

NORMA NÚMERO DOS

Tu mentalidad genera o pierde dinero y riquezas, tú eliges

ntes de que puedas ser el Director Ejecutivo de cualquier otra persona, debes ser TU Director Ejecutivo.

La realidad es que tú eres capital. Toda la riqueza y toda la pobreza comienzan contigo. De hecho, comienzan dentro de ti, con el conocimiento que tienes en tu cabeza, en tu corazón y en tu alma. Con tu mentalidad.

Creo que un 50% de la pobreza moderna, más allá de los problemas básicos de sostenimiento, claro está, tienen que ver con la baja autoestima y falta de confianza. Porque, si no te sientes bien contigo mismo, nadie más lo hará. Si no sabes quién eres a las 9 a.m., a la hora de la cena otra persona te dirá quién eres. Y esto no irá acompañado de cosas buenas.

Las siguientes son algunas verdades universales:

Si no me agrado a mí mismo, tú no me vas a agradar.

Si no me respeto a mí mismo, no tengo idea de cómo respetarte a ti.

Si no me amo a mí mismo, no sé cómo amarte a ti.

ASPIRACIÓN
Una vida sin esperanza

MODELOS A SEGUIR
Un mal modelo conduce a
resultados perjudiciales.

**BAJA
AUTOESTIMA**
Valor propio negativo

POBREZA

ENTORNO
Amigos y familiares

**BAJA
CONFIANZA**
Inseguridad

OPORTUNIDAD
No hay como
ascender

50%

25%   25%

Y, por naturaleza, si no tengo un propósito en mi vida, convertiré tu vida en un infierno viviente.

Lo que se da se devuelve. Cosechamos lo que sembramos.

Es por esto que insisto tanto en el tema de la autoestima y la confianza. Porque son el resultado de todo.

Según mi doctrina HOPE, el otro 50% de la pobreza proviene de malos modelos y un entorno nocivo. Las causas de la pobreza están ilustradas en la figura.

¿Por qué tantos niños de zonas urbanas piensan que la más alta aspiración posible que pueden tener en la vida es ser traficantes de drogas, estrellas de rap o deportistas? Es porque esas son las imágenes aspiracionales de éxito (malos modelos en algunos casos) que existen en los vecindarios donde crecieron y pasaron la mayor parte de su tiempo (entornos nocivos).

Todo es aspiracional. Todo el mundo. Estos niños simplemente se están modelando con lo que ven como éxito. Por tal razón, debemos darles algo mejor para ver, de modo que sepan qué es lo que de verdad pueden llegar a ser.

Nadie se levanta en la mañana y dice que su mayor ambición en la vida es vivir de la ayuda social. Esa joven familia se está modelando en un legado de ancianos familiares que vivieron de ayuda social, un legado de no haber recibido el mensaje de la inteligencia financiera. No hay madre en sanas condiciones mentales que no desee que su hijo crezca y tenga éxito, sea trabajador y pague sus impuestos, y desea esto solo porque quiere sentirse orgullosa. Pero no puedes darles a tus hijos lo que no tienes. Y si no conoces lo mejor, no puedes hacer algo mejor.

Cuando no hay sabiduría, la ignorancia con gusto llena el vacío.

Únicamente por amor, terminamos pasando malos hábitos de generación en generación. Repito: lo hacemos por amor...

Ninguna mujer se levanta en la mañana y dice que su mayor ambición en la vida es ser una prostituta. Ella está modelando lo que ve como los símbolos de aspiración en su vecindario. También lo hace por dinero. No hay otra motivación legítima y constante para hacerlo. Quita el aspecto financiero y toda la industria de la prostitución a nivel mundial desaparecería en un mes.

Eso es lo que no sabemos que no sabemos (*pero creemos saberlo*) y nos está matando.

Luego, está el problema del entorno. La mejor forma de resumir este problema es esta: si te rodeas de nueve personas en la quiebra, tú serás la décima. Pero si creces con nueve científicos nucleares, es muy probable que tú seas el décimo.

Cuando eres pobre y tienes luchas, y todos los que te rodean son pobres y tienen luchas, y cuando no te sientes bien contigo mismo y tu esperanza muere, no solo eres escéptico, sino que también eres cínico. Y cuando te vuelves cínico, estás acabado. Es solo cuestión de tiempo para que llegue tu caída. Ya te has dado por vencido contigo mismo, así que no puedes ver las oportunidades. Tu cosmovisión tiene un filtro negativo y tu vaso de vida está medio lleno.

> *"Ya sea que creas que puedes o que no puedes,*
> *estás en lo cierto".*
> — HENRY FORD

La mentalidad importa.

La doctrina HOPE sobre el bienestar

Durante mi niñez en Compton y en la zona central del sur de Los Ángeles, yo pasaba tiempo con personas que eran hacedores y propietarios, gente positiva que, con frecuencia, me decían que me amaban. Como resultado, hoy me considero un hacedor. Soy propietario, soy positivo y me amo a mí mismo. No soy un científico de cohetes, me beneficié de los activos de mi entorno y yo mismo he sido un modelo a seguir.

A decir verdad, el mejor activo en mi vida fue haber aprendido a amarme a mí mismo, en todo el sentido de la palabra. Mi logro más importante fue llegar a un punto donde me sentí "razonablemente cómodo" con lo que soy. Creo que esta debería ser la meta para todos.

La mentalidad importa. Una mentalidad positiva conduce a tener aspiraciones para nuestras vidas. *Aspiración* es una palabra-código para esperanza, y la esperanza conduce a un sentido de oportunidad, a ver el mundo a través del lente de las posibilidades, donde el vaso siempre está medio lleno. La esperanza es el comienzo de la verdadera riqueza, tema que profundizo más a fondo en la Norma número 5.

ASPIRACIÓN
Una vida llena de esperanza

ALTA AUTOESTIMA
Valor propio positivo

MODELOS A SEGUIR
Ejemplos positivos
conducen a una
perspectiva más brillante

RIQUEZA

ALTA CONFIANZA
Cree en ti mismo

ENTORNO
Amigos y familiares positivos
y animadores

OPORTUNIDAD
Acceso igual

50%

25%   25%

La verdadera riqueza, así como la verdadera pobreza, no tienen nada que ver con el dinero.

La verdadera riqueza está ilustrada en la figura.

En resumen, esto es lo que tienen los ricos:

- Tienen alta autoestima y un alto nivel de autoconfianza.

- Se levantan en la mañana creyendo que pueden.

- Tienen modelos a seguir positivos y son criados en un entorno que los empodera.

- Tienen esperanza y son optimistas ante la vida.

- Ven oportunidades en todas partes.

Cómo elegimos ser ricos (o no serlo)

La capacidad de ver oportunidades en todas partes es un factor clave que diferencia a los de la clase invisible que pueden construir éxito financiero y riqueza económica de los que terminan con aspiraciones muy pobres. Permíteme explicar.

Comencé el libro hablando de un video que grabé titulado "Esclavitud moderna". En el video, describí una comunidad pobre de la actualidad donde se encuentra una oficina de cambio de cheques, al lado de un prestamista sobre nómina, al lado de una tienda de alquiler con opción de compra, al lado de una tienda de licor, etcétera.

Allí explico cómo a las personas de la clase invisible las están robando a plena luz del día, pero casi nadie hace nada al respecto. Ellos ven estas cosas como algo normal y no hacen nada para expulsar de sus comunidades a esos negocios mientras luchan contra otras formas de opresión percibida tales como brutalidad policiaca y la pérdida de trabajos de clase obrera.

Mientras tanto, los que son "ricos" en su mentalidad, pasan en sus autos por esas comunidades y ven en casas arruinadas una oportunidad para comprarlas, rehabilitarlas, actualizarlas y rentárselas a residentes trabajadores.

Piensa en la familia coreana que ha instalado una tienda de cuidado para el cabello, donde venden peinados tejidos solo a mujeres afroamericanas (este ejemplo es particularmente asombroso para mí) en un vecindario donde la mayoría de los habitantes son afroamericanos. No tiene nada de malo que una familia coreana haga esto, solo que los residentes negros de la misma comunidad debieron haberlo hecho primero. Dicho en términos sencillos, los afroamericanos deberían haber visto primero la oportunidad de crear un negocio exitoso que sirviera a su comunidad. En lugar de eso, debido a su mentalidad de pobre, se han quedado afuera de su propio mercado.

Cuando tienes una perspectiva "pobre" en la vida, pierdes de vista las oportunidades que se presentan ante tus ojos. Te pierdes de recibir el mensaje de la inteligencia financiera.

Considera cualquier cantidad de establecimientos de negocios que ponen una tienda en comunidades pobres y menos favorecidas. Ellos no entran de manera furtiva en medio de la noche. Ellos no están robando a nadie ni están creando empresas ilegales. Tampoco están engañando a nadie. Solo recibieron el mensaje: vieron la oportunidad, creyeron en sí mismos y en sus habilidades emprendedoras, y tomaron acción. Invirtieron tiempo, energía y recursos creyendo que recibirían un retorno sobre la inversión.

Considera a los que llegan a tu vecindario y compran a muy bajo costo una propiedad de bienes raíces bien centralizada y, con el tiempo, transforman el vecindario de una comunidad pobre a un creciente de clase media moderna, económicamente vibrante. Estas son personas que recibieron el mensaje de la inteligencia financiera.

No odies. Quienes hacen esto soy dignos de elogios.

Recuerda, la mejor venganza es vivir bien.

Mira lo que está sucediendo en Detroit y Harlem.

Detroit se está recuperando. Es un hecho. La pregunta no es si Detroit se está recuperando, sino, ¿por quién va Detroit y cuándo lo alcanzará?

El centro de Detroit ya lo reclamó una generación de jóvenes graduados de universidad que están mudándose a una clase social más alta y que consideran que vivir en apartamentos de zonas céntricas e iniciar pequeñas tiendas y ser propietarios de restaurantes en esa zona es algo genial y que vale la pena hacerlo.

Cuando entras a una tienda de ropas en el centro de Detroit y ves a alguien que vende camisetas de trescientos dólares en el año 2016, entonces comprendes que hay dos cosas ciertas: (1) Algo está pasando en Detroit. (2) Alguien más recibió el mensaje de la inteligencia financiera.

Y, por años, los funcionarios te habrían vendido propiedades en Detroit casi por nada. Pero hoy, una casa para demoler en Harlem vale setecientos cincuenta mil dólares, si es que puedes encontrar una. En la actualidad, las ventas en Brownstones están por un millón de dólares o más. La comunidad negra responde preguntando: "¿qué sucedió con nuestra comunidad negra?".

Quienes recibieron el mensaje de la inteligencia financiera no vieron una comunidad negra en Harlem. Ellos vieron a Manhattan como lo que es: una isla, completa con el lado este superior, el costado oeste superior, el bajo Manhattan y lo que llamamos Harlem, con Central Park en el centro de todo.

Ellos vieron personas blancas (en el costado este superior de Manhattan), personas blancas (en el costado superior oeste de Manhattan), personas blancas (en el bajo Manhattan) y personas negras en Harlem.

Después de un tiempo, con una riqueza creciente, una mayor población y tierras limitadas, los blancos comenzaron a decir "los negros no son tan malos". Y, con inteligencia, comenzaron a mudarse a Harlem. Llevaron sus negocios y sus estilos de vida e hicieron ver a sus amigos que era genial hacer lo mismo. Ahora Harlem no es más que un Manhattan de clase alta. Otra vez.

Mira esto: quienes recibieron el mensaje no vieron una comunidad, vieron una propiedad raíz con una ubicación céntrica. Y para cuando la comunidad negra se dio cuenta de lo que estaba sucediendo, ya era demasiado tarde.

Ya no había buenos precios. Los valores de propiedad han roto el techo y nos encontramos con precios valorizados de otro mercado. En nuestro propio vecindario. Un lugar que había sido nuestro vecindario por más de cien años. Y sin saber otra cosa, consideramos este como otro ejemplo de inequidad, injusticia, renovación de vecindarios, hasta incluso racismo y discriminación. En realidad, nunca recibimos el mensaje de la inteligencia financiera.

Y ahí lo tienes.

¿Sabes cómo describe la Biblia la pobreza? En Proverbios 10: 4 la Biblia dice: "Los perezosos pronto se empobrecen, los que se esfuerzan en su trabajo se hacen ricos". Quizás tu pastor olvidó hablarte de ese versículo.

Sí, los miembros de la clase invisible son enviados al mercado económico moderno con discapacidades sistémicas, una autoestima terrible, los peores modelos a seguir, sin conocimientos de economía o de cómo funciona el dinero y sin esperanza como bono adicional.

Pero, para avanzar, debemos apropiarnos de nosotros mismos. Debemos aprender a sanar, a tener amor propio y, por lo tanto, a amarnos unos a otros, para poder salir de este desorden. De otra forma, nunca podremos ser verdaderamente libres.

La esclavitud de hoy no consiste en cadenas o esposas de policía alrededor de nuestros brazos y piernas. Consiste en cadenas y esposas en nuestros corazones, nuestras mentes y nuestras almas.

La nueva riqueza consiste en sanar y creer. Consiste en una mentalidad que ve oportunidad y que recibe el mensaje de la inteligencia financiera.

Está bien, Director Ejecutivo de TÚ MISMO: da un paso adelante

Cada vez más estás por tu cuenta.

El empleo ya no es una promesa de carrera laboral de treinta años con el mismo empleador, como quizás fue el caso de tu madre, tu padre, tu abuela o un tío. La mayoría de los empleados en la actualidad tendrán hasta media docena de empleos diferentes en el curso de sus vidas laborales y a veces una combinación de dos o más empleos al mismo tiempo.

Estás por tu cuenta.

Con el surgimiento de grandes empresas, puede ser necesaria solo una persona, en lugar de dos, para el mismo cargo, así que, con el tiempo, habrá menos personas trabajando para las grandes compañías.

Estás por tu cuenta.

Las empresas pequeñas y los emprendedores emplean una abrumadora mayoría de personas en los Estados

Unidos y en todo el mundo, pero (al menos aquí en los Estados Unidos) por primera vez en la historia tenemos una tasa de muertes de pequeñas empresas que supera los nacimientos de las mismas. Lo que necesitamos es una revolución de pequeñas empresas, pero lo que estamos viviendo son pequeñas empresas en retirada.

Estás por tu cuenta.

Puedes gritar, clamar, desear, esperar u orar si quieres (bueno, todos deberíamos orar). Puedes declararte víctima, incluso puedes presentar una queja formal en alguna parte. Pero nadie va a venir a salvarnos.

Todos, en la actualidad, tenemos problemas y cada vez son menos las personas que se interesan por eso. ¿Estoy tratando de deprimirte? No, estoy tratando de despertarte. Verás, nadie va a venir a salvarte. Vas a tener que hacerlo por tu propia cuenta.

Dios puede amarte en el cielo, pero aquí en la Tierra tienes que salvarte tú.

La realidad es que la mayoría de nosotros tenemos el mismo problema. Grandes secciones de la clase trabajadora y de la clase media en todo el mundo están entrando a hacer parte de la clase invisible. Estas personas están viendo, incluso ante sus propios ojos, cómo su estándar de comodidad de vida o, incluso peor, su forma de vida se deteriora y se desvanece lentamente. Cada vez sienten mayor resentimiento contra el estado en el que se encuentra el mundo y, como consecuencia, son notablemente menos compasivos que sus padres y sus abuelos que los precedieron. Estas no son personas malas. Casi todos son personas muy buenas. Pero están estresadas y preocupadas, lo cual las hace tener un enfoque estrecho y (es entendible) se interesen más en sí mismas. Una muestra (últimos resultados electorales.

Si yo fuera blanco, tuviera educación y viera que mi economía de clase trabajadora de mas de cincuenta años, la cual en otro momento fue estable, empieza a desmoronarse, también me sentiría invisible y frustrado. Pero, así como con nuestras áreas urbanas deprimidas, en lugar de ir a ayudar a esas comunidades de pueblos pequeños a reimaginar y reactivar sus economías pequeñas, las dejamos a la deriva en tristeza y obsolescencia.

Cuando debimos haber ayudado a revitalizar las economías de esos hermosos pueblos pequeños, lo que hicimos fue ignorarlos. Esperábamos que sus problemas se resolvieran solos, pero, en efecto, empeoraron a tal punto que, al igual que los enojados pobres urbanos y las personas de color en Estados Unidos, los blancos pobres también quisieron tener un portavoz. En este punto, entró como candidato presidencial un hombre que la mayoría de los que hacen parte de este grupo de personas privadas de sus derechos considera como la persona a cargo del "partido de la ira" y un buque de frustración que articula el dolor de los hombres blancos en los Estados Unidos.

Todo esto (y mucho más) yace tras la realidad de que cada vez más estás por tu cuenta en este mundo.

Los gobiernos están en la quiebra.

Los recursos son cada vez más limitados.

La educación de calidad es cada vez más costosa y cada vez más favorece a los que tienen buenas conexiones. Incluso se podría afirmar que la educación pública es cada vez más una comodidad privada.

La clase media está atada en lo financiero y la clase trabajadora está comenzando a sentirse pobre.

En este entorno de desarrollo, ser víctima (legítima o no) no te va a salvar. Debes salvarte tú mismo.

Esta es la era en la que las personas deben aprender no solo a hacer las cosas por sí mismas, sino a de verdad empoderarse para hacerlo, para trazar el curso económico de sus propias vidas.

Este es el comienzo de la era del empoderamiento.

¿Y qué de la asistencia pública?

Simpatía: el sentimiento de interesarte y lamentar los problemas, la pena, la desgracia, etcétera de otra persona.

Empatía: la capacidad de entender y compartir las experiencias y emociones de otra persona, la habilidad para compartir los sentimientos de alguien.

Las personas en la clase invisible, los pobres, los luchadores, los menos favorecidos, los rezagados y los aislados necesitan menos simpatía en el siglo XXI y mucho más de lo que llamo "empatía moderna". Permíteme explicar.

¿Recuerdas que dije que, si le daba un millón de dólares a un hombre sin hogar, sería muy probable que estuviese en la quiebra después de seis meses? Este no es un asunto moral y no tiene nada que ver con que me agrade o no ese hombre que no tiene dónde vivir. No tiene nada que ver con un sesgo hacia la condición de vivir en las calles o contra dar solo por caridad (por cierto, soy fanático de la caridad pura).

No se trata de raza o racismo (observa que en este ejemplo ni siquiera he mencionado la raza de aquel hombre sin hogar). No consiste en mis buenas intenciones o las tuyas. De hecho, es importante eliminar cualquier sentido de culpabilidad que haya en este ejemplo hipotético y las decisiones asociadas con el mismo. Te garantizo que cualquier decisión que tomes basado en las emociones será una mala decisión.

El hecho simple es que el hombre en condición de calle estaba en esa situación por una razón, ya sea mental, física, emocional, financiera o cualquier otro problema. Debemos tener empatía con el hombre y su situación para estar en capacidad de ayudarlo en el camino hacia la liberación económica.

Pero eso no es lo que sucedió aquí. En este ejemplo hipotético, me lamenté por aquel hombre, así que, quizás solo para sentirme mejor conmigo mismo y mis propios defectos, le di a ese hombre un millón de dólares y le deseé buena suerte.

En este ejemplo es muy poco probable que aquel hombre tuviera éxito. Terminaría en la quiebra después de seis meses, porque no hubo ningún cambio en su cabeza, donde comienza la mayor parte de la pobreza. Sin educación financiera, uno no tarda en ver la rápida separación que se da entre una persona rica sin conocimientos y su cartera.

Y no es diferente a la persona que se ganó la lotería y terminó en la quiebra o el deportista profesional con un contrato de cien millones de dólares que terminó en la quiebra; este hombre pronto encontrará un creciente número de "familiares y amigos" que le ayudarán a gastar sus ganancias recientes en cosas que no aportan a su riqueza y bienestar futuros.

Lo que el mundo necesita ahora es menos simpatía y más empatía. Las ayudas públicas nos mantienen vivos a muchos de nosotros por simpatía, pero no nos están dando el poder para ser libre e independientes. Y todos sabemos que se pueden eliminar en un instante, dependiendo de fortuna o azar político.

Lo que el mundo necesita ahora es menos una *mano de ayuda* y *más una mano de impulso*.

Más allá de darles el pez a los hombres y mujeres de la clase invisible o incluso enseñarles a pescar, es necesario tener un nuevo enfoque nacional que les muestre cómo ser dueños de la carnada, el bote y después ser propietarios del lago mismo.

Debemos asegurarnos de estar teniendo cuidado a nivel de la dignidad humana, la versión de bienestar que data del imperio romano y que luego fue adoptada por los primeros líderes chinos, europeos y de otras partes del mundo. Hablo de cuidar de nuestros ancianos, de nuestros hijos y cuidar de nuestros discapacitados y otros que no pueden cuidarse a sí mismos. Hasta el día de hoy, los afroamericanos, como un porcentaje de su población, usan la asistencia pública a un grado mucho más elevado que los blancos y un poco más alto que nuestros hermanos y hermanas latinos. Es muy interesante que los asiáticos usan mucha menos asistencia pública formal. Esto es probable que tenga que ver con una cultura de profundo apoyo dentro de la familia extendida entre varios grupos de razas asiáticas.

Es por esta razón que creo que mi comunidad en particular no recibió el mensaje de la inteligencia financiera. No estamos creando riqueza sostenible, nuestros propios empleos y nuestra propia base económica, y no por falta de talento. En cualquier parte donde los afroamericanos concentran su talento y energía, tienen éxito (por ejemplo, en la música, en el entretenimiento, en los deportes profesionales y las artes).

No somos estúpidos. Lo que no sabemos que no sabemos (pero creemos saberlo) es lo que nos está matando.

La historia de un pez

En una ocasión, alguien me relató esta historia.

Hay un hombre sentado a la entrada de su desvencijada casa frente a un lago.

Un desarrollador comunitario que está haciendo visitas se acerca al hombre y le dice: "usted se ve muy capaz. ¿Alguna vez ha pensado en comprar un bote y pescar en ese lago?". El hombre le respondió: "bueno, ¿por qué hacer eso?".

Entonces el desarrollador comunitario le dijo: "porque si pescara y le fuera bien, podría vender en los mercados locales los peces que atrape, y así podría comprar un bote más grande". El hombre le respondió: "bueno, ¿por qué hacer eso?".

El desarrollador comunitario dijo: "porque si hiciera eso, usted podría contratar a algunos de sus amigos, generando empleos y quizás algún día compraría una flota de botes". El hombre le respondió: "bueno, ¿por qué hacer eso?".

Entonces, el desarrollador comunitario, empezando a frustrase, dijo: "porque si hiciera eso, podría convertirse en un héroe en su comunidad y uno de los principales empleadores". El hombre le respondió: "bueno, ¿por qué hacer eso?".

Ya completamente aturdido y sin opciones, el desarrollador comunitario dijo: "porque si generara riquezas e hiciera todo esto, podría relajarse y jubilarse el resto de sus días haciendo lo que más le gusta, sentarse a la entrada de su casa". El hombre luego respondió: "¡bueno, ya estoy haciendo eso!".

Triste, pero divertido.

Tú elijes cómo vivir tu vida. Mejora tus posibilidades y elije la mentalidad de riqueza.

NORMA NÚMERO TRES

Tus relaciones
son inversiones,
crea capital
de relaciones
comenzando
contigo mismo

He dedicado una buena porción de este libro a concentrarme en ayudarte a que te dirijas en la dirección correcta y a que estés bien posicionado para tu propio éxito. ¿Por qué? Porque no hay relación más importante que la que puedes tener contigo mismo.

Todo lo demás en la vida gira en torno a esa relación.

La relación contigo mismo será la primera en la que ojalá sea una larga y creciente línea de capital de relaciones en tu vida. Es por esto que el compromiso más importante que hice a comienzos de mi carrera fue estar "cómodo" conmigo mismo.

La realidad es que nadie está del todo cómodo consigo mismo. Eso es perfección y la perfección no existe. La perfección es una ilusión, y todos debemos superar eso y avanzar, viviendo las mejores y más auténticas vidas que podamos vivir. Todos conocemos personas que pasan la mayor parte de sus vidas luchando por proyectar una imagen de perfección. Además de no ser nada convincente este asunto de "pretender ser perfecto", también genera estrés sobre la persona en cuestión. Y no solo se estresa, sino que, de continuar, envejece y pierde su salud más rápido. ¿Por qué? Porque el 70% de tu cuerpo es agua, y cuando todo el tiempo estás caliente y preocupado, es decir, estresado, enfadado, airado, pesimista y cargado de negativismo, en teoría estás "cocinando" tu organismo. Y si haces esto repetidas veces, con el tiempo resulta no ser nada saludable.

Eso significa que la autenticidad es importante. La sinceridad y el carácter son importantes.

La integridad importa.

Por sobre todo, esto significa que el cuidado genuino importa. La gente puede percibir la energía que no es auténtica en una fracción de segundo y, cuando eso sucede, puedes olvidarte de la posibilidad de hacer negocios con alguien. Es fácil percibir esa molesta sensación de estar siendo utilizado, y nadie quiere sentirse utilizado.

Pero la energía postiza no debe preocuparte cuando, primero, desarrollas una relación abierta y honesta contigo mismo. Considera la sabiduría que abarca la palabra sudafricana *ubuntu*. "Yo soy porque tú eres". O como lo dicen en Ruanda, *agaciro*, que significa "dignidad". Cuando más te conoces a ti mismo, más tienes para ofrecer a los demás.

El capital de relación simplificado

Toda riqueza, ya sea financiera o de otra índole, se construye con base en las relaciones. Piénsalo. Si te diera mil millones de dólares y te pusiera en una isla desértica, ese dinero sería inútil. Tu capital mental, espiritual y financiero es valioso solo en la medida en que puedes compartirlo y gastarlo con otros. Cuantas más personas tengas para compartir y construir capital, más tendrás de lo que yo llamo "capital de relaciones".

Tu nivel de confianza legítima en cualquier relación real determina la cantidad de capital que tienes. Si eres un brutal criminal que obliga a las personas a hacer lo que tú quieres infundiendo temor e intimidando, entonces no es eso de lo que estoy hablando (y tampoco es algo sostenible).

Si tienes un amigo que "toma prestados" veinte dólares cada semana, pero nunca los devuelve, llegará el momento en el que no vas a confiar en él, y dejarás de "prestarle" dinero. Su capital de relación va a ser cero. Los expertos en finanzas dan a las empresas unas interesantes clasificaciones de inversión (que en esencia son puntajes de crédito), pero esto es igual que calificar tu confianza en que tu amigo te va a pagar. Un puntaje de crédito es solo un medio matemático para determinar el capital de relación que tendrías si le pidieras a un banquero que te prestara parte de su dinero.

Piensa en tu actual capital de relación contigo mismo. ¿Cumples tus promesas? ¿Defiendes lo que es importante para ti? ¿Confías en que harás lo correcto cuando sea el momento de hacerlo? ¿Eres honesto y confiable incluso cuando nadie te está mirando? Creer en ti mismo es el primer paso para construir con otros un capital de relación.

¿Quién hace parte de tu círculo de influencia?

Esta es una pregunta GRANDE e importante.

- ¿Con quién pasas tiempo?

- ¿Con quién eliges pasar tiempo de calidad?

- ¿En qué inviertes tu tiempo y energía?

- ¿Con quién te asocias en el trabajo y en el juego?

- ¿Hacia cuáles familiares te sientes atraído para usarlos como modelos a seguir?

- ¿Estás administrando tu vida o solo reaccionas a medida que pasa?

- ¿Por qué pueden ser importantes estas cosas?

Porque, como he dicho antes, si te rodeas de nueve personas en la quiebra, tú serás la décima. Eres, o te convertirás en, el tipo de personas con quienes pasas tiempo.

El mundo opera en una serie de círculos concéntricos. Los círculos de riqueza, poder, educación, acceso y oportunidades no solo rotan dentro de los mismos anillos de círculos concéntricos o conjuntos de anillos relacionados y conectados, sino que también se construyen sobre sí mismos. Se alimentan mutuamente.

Hace poco, en un día de negocios en Atlanta, me reuní con la Directora Ejecutiva de la Cámara de Comercio de Metro Altanta, Hala Moddelmog, y su equipo. Sus oficinas y las nuestras ahora están localizadas en el mismo edificio en Atlanta. Después de la reunión, me enteré que más temprano, ese día, otras personas de mi oficina habían tenido otra reunión con otros líderes de su oficina, una reunión que no había tenido nada que ver con ella o conmigo.

Ese mismo día, también me reuní con la presidenta y Directora Ejecutiva de SunTrust Banks Atlanta, Allison Dukes, y me enteré de que ella también se iba a reunir con Hala más tarde, junto con el director de una fundación de un área importante que tenía sus oficinas en el mismo edificio de Operación HOPE.

¿Y cómo conocí a Allison Dukes? En una cena con uno de mis amigos y mi héroe en los negocios, Bill Rogers, presidente y Director Ejecutivo de todos los bancos SunTrust y alguien que se ha convertido en un eje en la aceptación y el crecimiento explosivo de la franquicia HOPE Inside en todo el país. Como él es un gran Director Ejecutivo de uno de los diez mejores bancos, otros Directores Ejecutivos de las cien mejores empresas me aceptan casi sin que él me mencione. Así es como estos círculos concéntricos funcionan.

¿Y cómo conocí a Bill? Bueno, fue por medio de otro de mis héroes y amigo, Jim Wells, el expresidente y Director Ejecutivo de los bancos SunTrust. Jim Wells hizo la primera gran apuesta de SunTrust en mis sueños.

¿Y cómo conocí a Jim Wells? Por medio de Scott Wilfong de bancos SunTrust y Steve Bartlett, el exalcalde de Dallas y excongresista que, al momento de conocerlo, era el Director Ejecutivo de Financial Services Roundtable (FSR). Y, en un principio, conocí a Steve y la familia de FSR por medio de Don McGrath, que en ese entonces era el Director Ejecutivo de Bank of the West. Bill Rogers y Jim Wells hoy sirven en la junta ejecutiva de HOPE. ¿Estás recibiendo el mensaje de la inteligencia financiera?

El éxito en la vida no solo se trata de cuán inteligente eres o de si hay una necesitad o de si te lo mereces. El mundo opera en un flujo y debes introducirte en el flujo correcto. Eso lo haces al desarrollar un capital de relaciones.

En esencia, el mensaje dice: sal de tu zona de comodidad y crea relaciones en los lugares donde quieres estar. Cuando más conexiones tengas con las personas de mayor capital, más aumentas tu propio capital.

Si creciste rodeado de personas adineradas, fuiste a la escuela con chicos influyentes, fuiste a campamentos con los mismos chicos, y creciste con ellos, yendo a eventos del club y viajando en la "cabina alta" del avión (clase ejecutiva o primera clase), entonces en cierta medida cultivaste de forma natural ese tipo de relaciones, así como la cultura de esos espacios, personas y lugares.

Si creciste rodeado de chicos inteligentes, si te gustaban los proyectos extracurriculares, si te atraía la investigación, si te encantaba hacer tu tarea, si te unías a clubs de *nerds*, si pasabas tiempo en entornos de ciencias, tecnología, ingeniería y matemática (STEM por su sigla en inglés) y si cultivaste mentores que se veían como lo que querías llegar a ser, bien, entonces terminaste cultivando ese tipo de relaciones y adoptando la cultura y las normas de esos espacios, personas y lugares.

Pero si creciste rodeado de matones, ladrones, vendedores de narcóticos, drogadictos, aspirantes a pandilleros, personas que frecuentaban clubes de desnudos, chicos a quienes les parecía que lo mejor era dejar la escuela en décimo grado, y si estás rodeado de una serie de negocios predadores (cambiadores de cheques, prestamistas sobre sueldo, prestamistas de títulos y tiendas de licores), entonces por naturaleza terminarás cultivando esas relaciones y adoptando la cultura y las normas de esos espacios, personas y lugares.

Así como los círculos de riqueza se cierran en torno a círculos de riqueza, también los círculos de pobreza se cierran directamente en torno a otros círculos de pobreza, creando así círculos concéntricos de pobreza y desespero, así como relaciones depresivas de las que es difícil escapar. De manera literal, se convierten en todo lo que ves.

No crecí rodeado de privilegios, oportunidades y poder. Crecí en los barrios pobres. Mi madre tenía un empleo sindicalizado en McDonnell Douglas, trabajaba como fabricante, y mi padre tenía su propio negocio haciendo contratos de cemento. Yo no hice parte de ningún club de acceso para la élite. De hecho, a los dieciocho estuve sin hogar por seis meses y me vi obligado a comenzar de ceros. Pero sabía que tenía talentos y dones. Solo necesitaba cultivarlos de la manera correcta y en el entorno correcto. Así que decidí crear mi propio entorno. Decidí crear mi propia cultura.

Si nadie quería ser mi mentor, yo haría el seguimiento, reclutaría a mis propios mentores y les pediría que invirtieran en mí quince minutos con cierta regularidad. ¿Ahora, quién rechazaría una petición de quince minutos de su tiempo una vez al mes?

Cómo perseguí al embajador Young

Las personas siempre oyen que hablo del ícono de los derechos civiles, el embajador Andrew Young, como mi mentor, héroe personal y amigo. Él es todo eso, y en este punto también es casi como una figura paterna en mi vida, pero hubo un tiempo en el que él no tenía idea quién era yo y tampoco tenía interés en conocerme. Para decirlo de forma amable, di mucha lata. No me iba a rendir.

Indagaba dónde iba a dar una charla Andrew Young y, dependiendo de la distancia, conducía o tomaba un avión hasta allá. Sí, dije que tomaba un avión. Yo lo pagaba. No escatimaba en los gastos y compraba un boleto de avión sin tener ninguna cita arreglada y sin estar seguro de poder encontrarme con él.

Esto lo hice en muchas ciudades durante más de una década. Yo quería estar donde él estaba. ¿Por qué? Porque él y Quincy Jones eran los dos únicos hombres afroamericanos en todo el mundo que eran "internacionales".

Estos dos hombres no eran líderes negros que viajaban a todas partes. Eran líderes mundiales respetados a nivel internacional. Los mejores en sus campos. Y también eran negros. No solo "se ganaban la vida siendo negros", sino que eran orgullosos de su raza. Decidí que ese era mi modelo a seguir.

Así que investigué mucho sobre Young, mostré un interés auténtico y genuino, y luego hice una inversión en la relación. Me hacía presente a donde él estuviera. Sin embargo, no lo estaba acosando. Si no podía encontrarse conmigo y si no tenía tiempo para hablar conmigo, estaba bien. No me debía nada. Era un riesgo que estaba dispuesto a correr para mí y para mi futuro. Pero un día tuve suerte.

Me enteré de que el embajador Andrew Young iba a estar dando la charla principal en una reunión del Consejo Corporativo acerca de África en Dallas, Texas, así que compré un boleto de avión, me registré para la conferencia y viajé. Créeme, cualquier compra en ese entonces era una lucha. Decidí comprar un boleto de avión en lugar de desperdiciar dinero en fiestas de fin de semana en los clubes de Los Ángeles. Decidí comprar un boleto en lugar de un radio o rines de moda para mi auto, que era en lo que la mayoría de mis amigos gastaban su dinero.

Cuando llegué a Dallas, Andrew Young había llegado un poco enfermo. En pocos momentos tenía que pasar a la tarima, pero no se sentía bien. Decidí que esa era mi oportunidad. Me ofrecí a llevarlo en mi auto a una farmacia para comprar lo que necesitaba. Funcionó y, durante cuarenta y cinco minutos en el recorrido de ida y vuelta de la farmacia, tuve toda la atención de aquel hombre. Había tomado prestado el Mercedes Benz de mi amigo Effie Booker para llevar a Young. Funcionó a la perfección, salvo por una cosa, él no recordó nada de lo que le dije. Su mente estaba en otra parte.

Hice todo menos rendirme cuando decidí intentarlo una vez más. Viajé a la cena anual para el Centro Conjunto de Estudios políticos y Económicos en Washington D.C., donde Young iba a ser el orador. Pensaba que él todavía no tenía idea de quién era yo y no tenía problema con eso. Lo había intentado. Pero un amigo mío, Robert McNeely del Union Bank de California, quería conocer a Young. Al menos podía tratar de hacer una presentación. Así que, después de la cena, llevé a Robert para que conociera a Young. Para mi sorpresa, Young me presentó a su hijo

Andrew "Bo" Young III. Hoy, Bo Young y yo somos los mejores amigos. Somos casi hermanos.

A decir verdad, de no ser por la intervención de Bo Young, no tendría la relación que hoy tengo con su padre. La llamada más divertida que recuerdo haber recibido fue de Bo, que estando en California me llamó un día y me preguntó: "oye, ¿por qué no te agrada mi papá? ¿Por qué nunca me has pedido que te presente con él para que ustedes dos puedan tener una conversación seria respecto al cambio en la comunidad?".

Quedé estupefacto. Si tan solo supiera por lo que yo había pasado todos esos años. Pero me lo tragué todo y solo dije: "tienes razón. Me encantaría conocer a tu padre". Pocos días después, de nuevo estaba a bordo de un avión, esta vez rumbo a Atlanta. La agenda era un almuerzo con Bo y Andrew Young.

Ahora, me gustaría decir que almorzamos y todo cayó en su lugar, pero nada más lejos de la realidad. Almorzamos, y de nuevo, presenté mi visión de Operación HOPE, mi propuesta de un movimiento de derecho al dinero y cambio en la comunidad. Sentí como si hubiera estado hablando en un túnel de viento. El almuerzo terminó y Young tuvo que volver de prisa a su oficina para una entrevista con los medios. En el último momento, se dio la vuelta y preguntó: "¿qué planes tienes para después de almorzar?".

Dije: "nada", aunque tenía un horario bien apretado. Me invitó a ir a su oficina para continuar con nuestra conversación, así que cancelé todo lo demás que tenía programado para ese día.

Fui a la oficina de Andrew Young después de almorzar y tuvimos una conversación de cinco horas. Cuando iba saliendo de su oficina, se detuvo y me mostró una pintura única de un príncipe nigeriano. Me preguntó si me gustaba, y luego la quitó de la pared y me la dio. Eso fue todo. Ese día aquel hombre tuvo toda mi admiración, y llegó a convertirse en nuestro portavoz global para Operación HOPE.

Young no estaba en mi círculo. Yo cree un entorno en el que el círculo de Young podía cruzarse con el mío y, gracias a eso, mi círculo se ha expandido de manera significativa.

Como ya lo he dicho antes, el mensaje de la inteligencia financiera dice: sal de tu zona de comodidad y crea relaciones en los lugares donde quieres estar. Cuando más conexiones tengas con las personas de mayor capital, más aumentas tu propio capital.

En esencia, he estado haciendo esto toda mi vida, creando capital de relaciones. Es parte de mi esencia, lo que soy. Es parte de la salsa mágica. Es parte de recibir el mensaje.

La forma como conocí a Quincy Jones fue igual de extraña. Decidí que quería tener una relación con A, para que fuera mi mentor, para moldearme con el ejemplo de su vida. Pero no lo conocía. Él era una leyenda, rodeado por docena de manejadores, y yo era este joven de un barrio pobre (aunque asertivo) que, al igual que millones de otros chicos, quería conocer al hombre que había hecho de Michael Jackson lo que llegó a ser. Es aquí donde entra aquella cita de mi ya fallecida mentora, la doctora Dorothy I. Height. Un día, ella me dijo: "John, me agradas porque eres un soñador con una pala en las manos".

Un día una invitación llegó a mi escritorio para un evento de recaudación de fondos para una congresista de

California. No me llamaba mucho la atención el evento, ¡pero se iba a realizar nada más ni nada menos que en la casa del deleitoso Quincy Jones!

Esta mujer congresista era una persona muy agradable, pero en realidad no la conocía. Y, a decir verdad, en ese entonces la Camarilla Negra del Congreso (CBC, por su sigla en inglés) de California me era indiferente. Había recibido un millón de dólares en apropiaciones federales de parte de un miembro de la Camarilla Hispana (liderada por la congresista Lucille Roybal-Allard), pero, por alguna extraña razón, la CBC en realidad no estaba interesada en mí. De hecho, uno de sus miembros había sido abiertamente hostil hacia mí. Así que, sabiendo que no iban a mover un dedo para ayudarme a conocer a Q, pero con mil dólares en la mano, podía conocerlo por mi cuenta. Solo tenía que ir al evento de recaudación de fondos.

Me concentré en conseguir un nuevo cliente de consultoría durante las próximas semanas con el único objetivo de asegurar un anticipo de mil dólares, la misma suma que usaría para obtener acceso a la casa de Q. Sin embargo, mi problema para ese entonces es que yo era un inadaptado social. Era perspicaz en los negocios, pero tenía muy malas habilidades sociales en entornos de grupos grandes. Yo era un introvertido social, a menos que el tema de conversación fueran los negocios o las misiones de vida. De modo que fui al evento de recaudación de fondos en la casa de Q y procedí a sostener una pared, tomando un vaso de Coca-Cola con hielo. Cuando estaba a punto de partir, sucedió lo más extraño: escuché que alguien me llamó. No era cualquier persona llamándome, ¡era el mismo Quincy Jones! Estaba en la habitación contigua y lo escuché preguntarle a la congresista, que ya falleció (Dios la tenga en su gloria), si me conocía o no. Él había escuchado acerca de mi trabajo con HOPE después de los disturbios y quería conocerme. ¿Puedes creerlo? ¡Q quería conocerme! Tuve que contener una risotada cuando escuché a la congresista alardear delante de Q acerca del "maravilloso joven que yo era", como si fuésemos amigos cercanos. Pero ese es Hollywood, así que sonreí y seguí el juego. Estaba concentrado en solo una cosa: conocer a Q.

Me llevaron hasta donde él estaba, Q puso su brazo alrededor de mi hombro y, para todos los presentes, yo fui el centro de atracción el resto de la tarde. Pero no recuerdo mucho a las demás personas esa noche, porque Q me llevó aparte a un rincón de su casa y hablamos sin parar durante las siguientes siete horas. Cuando miré, todos los invitados se habían ido. Solo quedábamos Q y yo. Y cuando estaba por partir, él me dio toda su información de contacto directo. Desde ese día, hemos estado conectados con el mismo ánimo.

He acompañado a Q por todo el mundo, incluyendo Montreux, Suiza, Manhattan, New York City y esto en varias ocasiones. Pero, sin duda, nuestros mejores y más enriquecedores momentos han sido cuando hemos compartido historias acerca del mundo y nos hemos reído de nosotros mismos en su inspiradora sala de su casa en Bel Air. Es un gran hombre. Y me honra llamarlo mi mentor y amigo.

Pero ¿qué había pasado si no hubiese tomado la iniciativa? ¿Qué si no hubiese hecho la inversión de tiempo, energía, y recursos? ¿Qué si no hubiese tenido el ánimo correcto, si hubiese elegido no tolerar a las personas que había entre mí y él, y que no me beneficiaban? Todo había sido diferente. Pero ahora Q y yo estamos conectados y, por medio de él, mis círculos de influencia se han expandido diez veces, así como cuando me conecté con Andrew Young.

¿Con quién estás pasando tiempo?

¿Tus familiares con quién pasan tiempo? ¿Quieres ser como las personas de ese grupo?

De no ser así, entonces debes cambiar lo que tú ves y lo que ellos ven. Comenzando ahora mismo.

Esto hace parte de recibir el mensaje de la inteligencia financiera.

Desarrollar redes no es crear relaciones

Quizás pienses que el haber perseguido por todo el país a personas como Andrew Young, Quincy Jones y Jack Kemp (esa historia no la incluí) es una forma de crear redes. Permíteme explicarte por qué no creo que así sea.

Hay una gran diferencia entre crear redes y desarrollar relaciones. De hecho, el crear redes no genera ningún capital de relaciones. La mayor parte de la actividad tradicional de creación de redes no es ni siquiera útil para cualquier otra cosa que no sea trueque, comercio y transacciones de las necesidades más básicas.

Desarrollar redes consiste en "¿qué obtengo yo?". Desarrollar relaciones consiste en "¿qué tengo para dar?".

Crear redes es un negocio de *tomar* no de *dar*. Cuando alguien te entrega su tarjeta de negocios en un evento de desarrollo de redes y conexiones, es una persona muy ocupada que se está preguntando: "¿qué podré obtener de este hombre o esta mujer?". Y, ¿qué es lo que hacemos con todas las tarjetas de negocios que recibimos en los eventos de creación de redes? Las tiramos dentro de un cajón y nunca las volvemos a mirar.

Permíteme decirte algo que algunos pocos hacen. Ninguna persona que de verdad pueda ayudarte a avanzar de estación en la vida o, para decirlo de forma más directa, ninguna persona importante va a las recepciones de desarrollo de redes. Ahora, ¿estoy diciendo que todos los eventos de redes son inútiles? Claro que no. Mi amigo George Fraser o FraserNet es un buen ejemplo de la excepción a la norma.

George no crea eventos de redes, él usa oportunidades conectadas por redes para "educar" y capacitar a quienes hacen la inversión y eligen ir. Es más, George es un recurso constante para todos los que se conectan con y por medio de su organización. En muchas maneras, la oportunidad de desarrollar capital de relaciones en este ejemplo en realidad es con George Fraser.

George conoce a sus clientes. Está dispuesto a respaldarlos. Él los confirma, es decir, se asegura de que las personas de quienes está hablando no sean tontarrones. Él es el que se asegura de que las sesiones de creación de redes de su compañía no terminen siendo meros eventos de redes donde las personas intercambian y luego tiran a la basura sus tarjetas de negocios.

A comienzos de mi vida profesional, solía ir a recepciones y a eventos de creación de redes, pero en esa época yo era como un "líder sin capacidad de liderazgo", alguien que tenía el aspecto, pero que no tenía la sustancia para ejecutar. No estoy alardeando de mí, solo quiero hacer un punto. Me veía muy bien, decía las cosas correctas, pero solo estaba vendiendo, y las ventas no crean capital de desarrollo.

Tenía tarjetas de negocios, estaba vestido para triunfar y mis tarjetas tenían el número telefónico de un servicio de máquina contestadora que operaba como mi "oficina", pero prácticamente no tenía clientes para mi naciente compañía. De modo que, yo rondaba las recepciones de creación de redes una o dos veces por semana. Cada semana. Y fuera de recolectar muchas tarjetas de negocios con las que después no hacía nada, en realidad no puedo recordar una sola cosa de verdadero valor que haya obtenido de esos encuentros.

Cuando vas a las recepciones de redes, a menudo estás (y perdóname lo directo que soy en esto) conociendo a otras personas en la quiebra. Estás conociendo a otros que quieren lo mismo que tú: hacer la venta, cualquiera que sea. Para ser francos, a veces solo iba por tener comida gratis durante la hora feliz, porque no tenía presupuesto para comida o para la renta del apartamento cuando comencé. Durante esos primeros años, todo fue una lucha.

Entonces, tienes personas en quiebra tratando de venderles algo a otros que también están en la quiebra, por cierto, algo que en ocasiones ninguno de los dos quiere. ¿Crees que esas personas quebradas pueden ayudarte a obtener un buen empleo o a hacer una inversión sustancial en tu compañía? Es probable que no.

Las personas que pueden hacer esas cosas no van a las recepciones de creación de redes. Están en sus oficinas, en sus casas o en aviones rumbo a alguna parte, de hecho, están ejecutando las agendas que ellos ya controlan. Las personas que quieres conocer están haciendo que las cosas funcionen y no tienen tiempo (o interés) en ir a eventos sociales aleatorios cuyo valor real es incierto. Ellos tienen mejores cosas que hacer.

En esencia, la creación de redes solo se trata de una persona que hace la conexión y lo que esa persona tiene para vender. Es una actividad de intereses propios, de tomar, y es muy, muy transaccional.

El crear relaciones es una actividad de interés en los demás. Consiste en lo que tienes para dar y se basa en que las verdaderas relaciones se nutren con el tiempo. Desarrollar relaciones es una calle de doble vía, con beneficio mutuo para ambas partes.

Quiero parar aquí y explicar la diferencia entre el buen egoísmo y el mal egoísmo, porque hay una correlación directa entre el crear capital de relaciones y desarrollar redes. El buen egoísmo es cuando yo te beneficio a ti y todos los demás involucrados se benefician más. El mal egoísmo es cuando yo me beneficio, pero tú y todos los demás involucrados pagan el precio de mi beneficio. Uno aporta a la sociedad y a nuestro mundo, y el otro solo toma, agota.

La crianza de nuestros hijos es un ejemplo de buen egoísmo. Dirigir una organización sin fines de lucro es buen egoísmo.

Postularse como candidato para un cargo como servidor público (en torno a nosotros) y no solo como político (en torno a mí) es buen egoísmo.

Desarrollar y dirigir una exitosa empresa que emplea a personas y entrega productos o servicios de valor a la sociedad es buen egoísmo.

Crear y dirigir un servicio de guardería infantil o, como en el caso de mi madre cuando yo era pequeño, quien tuvo un negocio de cuidado de niños, es buen egoísmo. Yo fui el primer cliente de mi madre. Ella comenzó el negocio como una forma creativa de pasar más tiempo conmigo y que le pagaran por eso (risas).

Un capitalista que desarrolla un conglomerado de empresas y al jubilarse dirige a la compañía a lanzar una gran fundación concentrada en devolver a las comunidades que respaldaron el crecimiento y el éxito de la compañía es también egoísmo del bueno.

Un comerciante de narcóticos, ya sea en los vecindarios de escasos recursos del área central del sur de Los Ángeles o en las mansiones de Bel Air, es un ejemplo de egoísmo malo. En este ejemplo, nadie se beneficia, solo el vendedor de drogas. Todos los demás terminan peor. Un ladrón es un ejemplo de mal egoísmo. Alguien que asesina y roba para vivir es un ejemplo de egoísmo malo.

Quienes se esconden en oficinas públicas o con servicios públicos para llenar sus propios bolsillos son ejemplos de mal egoísmo.

Las personas que han recibido el regalo de cuidar niños ya sean sus propios hijos o los de otros y abusan de ese sagrado derecho son quizás el mayor ejemplo de egoísmo malo.

Desarrollar capital de relación, aquí o en cualquier otra parte al rededor del mundo, es, en sí, buen egoísmo.

Con la creación de redes, ni siquiera tienes que conocer a alguien.

Con el capital de relaciones, en realidad debes tener interés.

Poco después de fundar Operación HOPE en 1992, comprendí que no podía dirigir la organización basado en esperanzas, sueños, buena voluntad, voluntarios e incluso solo con mi dinero. Necesitaba socios externos y apoyadores que me ayudaran, pero durante dos años casi nadie escribió un cheque para respaldar mi organización, todo lo hice yo. Esto tenía sentido en un comienzo, porque, si yo no creía en HOPE lo suficiente como para respaldarla con mi propio dinero y esfuerzo, ¿entonces por qué otra persona lo haría?

Recuerdo haber conducido hasta Lancaster, California, a casi dos horas de distancia, para reunirme con el Director Ejecutivo de un pequeño banco comunitario y pedirle que invirtiera mil dólares en HOPE. Después de un par de conversaciones telefónicas y un par de visitas, hizo que el banco escribiera el cheque por mil dólares. En 1996, esto era mucho para mí. Todo mi presupuesto para aquel año era algo en el orden de los sesenta y un mil dólares, y la mayoría de ese dinero provenía de una subvención gubernamental para pequeñas empresas. (Vale aclarar que el saliente alcalde de Los Ángeles, Tom Bradley [un demócrata negro] se había dado a la tarea de organizar para mí y para HOPE esta modesta pero importante subvención del programa de Administración de Pequeñas Empresas [SBA 7, por su sigla en inglés] junto con el saliente presidente George W. Bush [un republicano blanco]. Operación HOPE, literalmente, nació en un entorno de aquellos en donde las famosas diferencias encuentran caminos para avanzar y áreas comunes para trabajar juntas. Y ahora conoces mejor por qué soy multirracial y bipartidista en mi manera de abordar la vida).

El caballero de aquel banco era Jack Seefus, que en ese entonces era el Director Ejecutivo de Antelope Valley Bank. En el curso de nuestras conversaciones, llegué a sentirme cómodo hablando de manera informal con Jack, así que le hice pasar un mal rato (después que recibí el cheque de mil dólares, claro está) al hacerle ver que, siendo un Director Ejecutivo, solo tenía el *Wall Street Journal* en su escritorio. Recuerdo lo que me dijo como si hubiese sido ayer.

"John, es claro que no tienes idea de lo que un Director Ejecutivo hace todos los días. Mi trabajo no es hacer avalúos de casas. Tengo personas expertas que hacen ese trabajo. Mi trabajo no es hacer suscripciones de crédito para solicitudes de préstamo. Tengo personas calificadas para ese trabajo. Mi trabajo no es recaudar depósitos o administrar la sucursal en la que estás, John. He contratado personal maravilloso y bien preparado para ese trabajo. Mi trabajo no es auditar la contabilidad. Tengo un buen grupo de personas para esa labor.

John, mi trabajo es sentarme aquí, con una mente clara, a leer el *Wall Street Journal* todos los días, definir el curso de esta organización, gestionar nuestros riesgos y encontrar nuevas oportunidades para el futuro. Ese es mi trabajo. Y, por cierto, esa es la razón por la cual estás sentado aquí frente a mí. Tú eres mí (y nuestra) oportunidad hoy".

Nunca olvidaré eso. Lección aprendida. Hoy en día, leo religiosamente el *Wall Street Journal*, ahora desde mi iPad.

Cómo una relación salvó a HOPE

Mi primer banquero real, y me refiero a la primera persona que de verdad me respaldó, fue un caballero llamado William Hanna. Conocí a William poco después de los disturbios de Rodney King en 1992, cuando yo tenía veintiséis años y él dirigía un pequeño banco comunitario llamado Cedars Bank. William quería ayudar a la comunidad y yo quería darle una manera inteligente de hacerlo. En aquellos primeros años, para nuestro trabajo recibimos una modesta suma de apoyo por parte del sector privado, así que me vi obligado a tomar una mayor subvención del gobierno para mantener con vida a HOPE. Pero, en ese entonces, cuando el gobierno la canceló en 1994, no tardé en descubrir lo delgado que era el hielo sobre el que cual estaba parado. Era muy delgado.

El gobierno federal cerró las subvenciones y dejó de emitir los pagos de reembolsos, razón por la cual ya no pudimos pagar la nómina. Llamé a William porque sabía que él tenía el espíritu correcto. Él quería ayudar, pero era un hombre cauteloso. En su oficina, había visto a muchas personas habladoras y hábiles que llegaban con el sueño de vender, pero usando la cartera de William.

Durante dos años, William solo me había escuchado, pero para mí estaba bien, porque tenía mucho que decir. Había recibido mis llamadas. Se había reunido conmigo. Incluso había hecho un modesto aporte financiero a HOPE y había animado a algunos de los miembros de su equipo a que aportaran apoyo voluntario a nuestros esfuerzos. Sin embargo, en realidad ninguno de esos esfuerzos había sido de fondo, ni para él ni para mí.

Lo que no sabía es que él había estado poniendo a prueba mis movimientos, por así decirlo. Había estado analizándome todo ese tiempo. De muchas maneras, me estaba asegurando, como si yo fuera un crédito, como si yo fuese "capital". También estábamos creando una verdadera relación, basándonos en la confianza. Esta relación resultó ser una amistad genuina que permanece hasta hoy.

Yo estaba teniendo un mal momento: La cuenta bancaria de HOPE estaba afectada, y ya en ese punto yo no podía usar otro certificado de depósito personal para mantener con vida a HOPE. Había hecho todo lo que podía para mantenerla a flote. Necesitaba ayuda externa. De modo que llamé al hombre que por dos años prácticamente no había hecho nada, solo escuchar.

El respondió al teléfono y dije: "William, el gobierno ha cerrado las subvenciones y no puedo obtener los reembolsos que necesito para pagarle a mi gente. Soy un hombre honesto con una vocación, una visión y un trabajo auténticos. Necesito una línea de crédito de corto plazo de veinticinco mil dólares para pagarle a mi gente, pero todo lo que tengo como garantía es mi buen nombre y mi palabra" (recuerdo que mi puntaje de crédito en ese entonces no era el mejor).

Esperé una respuesta y después de lo que fue el minuto de silencio más largo de toda la historia, él dijo: "John, lo voy a hacer, y te daré un año para que devuelvas el dinero. Pero DEBES pagarle al banco. Aquí tienes mi firma para respaldar tu sueño".

Le di a William mi palabra y, con ese préstamo, HOPE tuvo una línea de vida que la ha sostenido hasta hoy.

Esto es lo que ahora sé: William colgó el teléfono, buscó a su directora financiera y le explicó las circunstancias. Años después, William me dijo que ella le dijo categóricamente: "de ninguna manera puedes hacer esto, William. El banco no puede respaldarlo. No va a funcionar. Él no va a pagar. Es un hombre amable y agradable, pero...".

Pero William le hizo guardar silencio diciendo que lo iba a hacer solo con su firma en el banco. Y también le dijo: "ya vas a ver...".

Pagué la totalidad de los veinticinco mil en seis meses, no en los doce que el banquero me había dado. Tenía que demostrarles algo a él y a su gente, y también a mí. Años después, su directora financiera se disculpó conmigo por no creer en mí sin tener una buena razón. Con todo, sí había una buena razón: ella y yo no teníamos una relación y yo estaba fuera de su círculo de influencia. Para mí tenía mucho sentido, y yo no tenía nada en contra de ella. Mi primer banquero me dio un impulso confiándome una línea de crédito de veinticinco mil dólares cuando incluso sus mismos aseguradores le decían que no lo hiciera. Menos de una década después, ese mismo banco me extendió a mí y a HOPE una línea de crédito récord por un millón de dólares, en esta ocasión con el respaldo de todo el personal de crédito del banco. Este préstamo incluso tuvo muchos participantes de otros bancos de mucha reputación (como Union y Wells Fargo Bank) que estuvieron dispuestos a financiar y compartir el riesgo con Cedars Bank.

Terminé con pura sustancia, pero todo comenzó con una relación.

Comenzó con confianza.

Comenzó en aquella oficina de banco en Lancaster, California, donde recibí una de mis primeras notas del mensaje de la inteligencia financiera: las relaciones son inversiones.

Los cien dólares mejor invertidos

Para mí, nada es más importante que mi integridad y mi nombre (las cuales menciono de manera colectiva como mi marca). Ese es mi verdadero capital. Sí, tengo algo de dinero, pero no es eso en lo que elijo concentrarme ahora, y tampoco lo hice cuando era joven.

Mis amigos negros y morenos donde crecí en la zona sur del centro de Los Ángeles y Compton, California, todos vivían concentrados en "recibir un pago".

Tiempo después en la vida, cuando estaba creciendo como joven empresario y después como emprendedor, mis amigos blancos vivían concentrados en "hacerse ricos".

Eso tampoco me interesaba.

A muy temprana edad, supe que quería *crear riqueza*, lo cual tiene más que ver con una perspectiva o con enfrentar la vida que con una simple afirmación de capital financiero neto.

El dinero iba a llegar y también se iba a ir, pero sabía que, si me descubría a mí mismo, tendría una propuesta de valor que podría usar, apalancar y sobre la que me podía apoyar para el resto de mi vida. Yo sabía que mi verdadera riqueza estaba dentro de mí, no en mi cartera y mucho menos en la cartera de otro.

A los dieciocho años, invité a cenar a mi mentor, que también era mi empleador, Harvey Baskin. Harvey era un exitoso hombre de negocios, exfinanciero y propietario del restaurante Geoffrey's Malibú, donde trabajé primero como un no muy buen ayudante de mesero, luego también fui mesero y tampoco fui mucho mejor que antes, y después pasé a ser el asistente personal de Harvey. Harvey se había roto una pierna, así que tuve que llevarlo en mi Audi blanco, teniendo la silla delantera doblada hacia adelante para que él pudiera estirar su pierna mientras estaba en la silla trasera. Todo se veía como una muy mala secuencia de la película Paseando a *Miss Daisy*.

Finalmente, logramos ir de Malibú, donde vivía Harvey, al restaurante cerca de Venice, California (su costosa elección de alto nivel, si te importa), y pasé todo el tiempo presionándolo para obtener información.

"¿Cómo hiciste esto Harvey? ¿Cómo hiciste aquello? ¿Cómo afronto esto? ¿Cómo puedo superar este obstáculo?".

Mis preguntas no paraban. Sin embargo, Harvey era paciente conmigo y respondía todas y cada una de las preguntas lo mejor que podía. Pero en un punto, se frustró conmigo, solo que fue al final de la cena, y no tenía nada que ver con las preguntas de sondeo que le estaba haciendo.

Verás, yo era el asistente personal de Harvey y puedo decir que Harvey era brillante haciendo dinero y manteniéndolo. No desperdiciaba mucho en sueldos, pero, aun así, en ese momento, yo no veía lo afortunado y bendecido que era.

Luego llegó la factura de la cena y eran unos cien dólares, una pequeña fortuna para mí en ese entonces. A esa edad, eso podía ser el presupuesto de alimentación para mí en todo un mes. De todas formas, llegó la cuenta, y cuando vi el valor, pregunté con incredulidad. "Harvey, no esperarás que page esto con el bajo sueldo que me pagas, ¿cierto?".

La respuesta de Harvey fue clásica y llena de sabiduría, no la he podido olvidar, tal como si hubiera sucedido ayer.

Harvey me miró directo a los ojos y dijo en tono frío: "John, tú debes decidir entre mi cerebro o mis bolsillos. Uno de ellos dura más...".

Así que pagué la cuenta sin decir otra palabra salvo: "gracias". Harvey me había dado regalos invaluables con su sabiduría, conocimientos y, por sobre todo, su tiempo. En un principio, le había "agradecido" con un crudo ataque a su cartera.

Aquel día, decidí que mi prioridad sería avanzar: estaba comprometido con crear una mentalidad de riqueza, sin importar cuánto me costara en el corto plazo. Lo consideraba como una inversión en mí mismo, en mi capital de relaciones. Con la meta de un cambio de vida transformador, a gran escala, iba a recibir el mensaje de la mente financiera.

NORMA NÚMERO CUATRO

No te limites a conseguir empleo, sé emprendedor

No me gusta cuando alguien me presenta más como autor, filántropo, líder comunitario, asesor gubernamental o incluso como líder de pensamiento, por más alta estima que esto pueda tener. Siempre he sido, primero y principalmente, un emprendedor.

Esta es la actitud que me permitió sobrevivir, que ha sostenido mi vida y que, sobre todo, me ha dado la ventaja continua frente a todos los que han tratado de quitarme mi puesto en la mesa de las oportunidades. Es mi ventaja cuando todo el mundo está cambiando y cerrándose a mi alrededor.

Lo que todo el mundo necesita hoy, en especial cualquiera que quiera salir de la clase invisible, es ser emprendedor. Es una habilidad de supervivencia crucial para el siglo XXI cuando lo único que es constante es el cambio.

No importa si quieres o no ser emprendedor. Independiente de lo que hagas en la vida, puedes beneficiarte de pensar como piensan los emprendedores, de la manera como abordan la vida, resuelven problemas e incluso como ven los problemas, de la forma en la que enfrentan los cambios y superan las dificultades, de su optimismo frente a todo.

No importa si estás dirigiendo una pequeña pastelería, el presupuesto de tu familia o una agencia gubernamental, si estás administrando una planta productora o un turno en Walmart. Una mentalidad emprendedora es justo lo que necesitas para ganar en el siglo XXI.

El mundo según un emprendedor

Las siguientes son algunas de las maneras como un emprendedor ve el mundo:

El éxito es pasar de un fracaso a otro sin perder el entusiasmo

La mayoría de las personas creen que el éxito es una gran e interminable salida de compras. De hecho, esa es la mejor manera de quebrar. La mayoría de los emprendedores están tan ocupados persiguiendo el sueño y creando ideas para sus vidas, que tienen poco tiempo para otra cosa (lo cual también es un problema, pero uno para abordar en otro momento).

El verdadero éxito consiste más en manejar el fracaso y la decepción, sin permitir que estos aplasten tu espíritu, que en administrar el éxito (no hay nada difícil respecto a tomar unas largas vacaciones y disfrutar de los frutos de tu labor).

Como cité a mi amigo Fred Smith, expresidente de Operación HOPE, en mi libro *Love Leadership*: "el éxito solo consiste en manejar el dolor, el dolor que creamos para nosotros y el dolor que otros nos infligen".

Estoy completamente de acuerdo con Fred. Si no puedes manejar bien el dolor, entonces no puedes vivir una vida sostenible y exitosa.

Los arcoíris solo salen después de las tormentas. No puedes tener un arcoíris sin antes tener una tormenta

Manejar el dolor con madurez da perspectiva ante la vida. Entiendes que el dolor no es un castigo de Dios sobre ti. Nadie te está castigando. El universo no está en tu contra. Es solo parte de la vida, la tormenta antes del arcoíris.

Cuando tienes una perspectiva de emprendimiento, te levantas cada día asumiendo que vas a tener problemas y decepciones. Asumes que te van a derribar. Asumes que tus seres queridos y los que te dicen que te aman, pueden terminar pateándote cuando estés caído. Y a quienes ves como amenazas te van a atacar, incluso cuando atacarlos a ellos o a cualquier otra persona es lo último que ha pasado por tu cabeza. Una mentalidad de emprendedor te enseña... no, te entrena a hacer algo que no se sentirá muy natural en estas situaciones.

Tu mente puede sugerir temor y, por lo tanto, decirte que huyas. Con todo, si tienes mentalidad de emprendedor, casi de manera instintiva, esta instruirá a tu espíritu para que vuelvas a ponerte de pie y sigas luchando. No instruye a tu cuerpo para que haga algo. No da instrucciones a tus emociones para que hagan algo. Da instrucciones a tu espíritu para que duplique tu fuerza interior, tu capital interior.

La mentalidad de emprendedor te ayuda a ver un rayo de luz en todas y cada una de las situaciones que se te presenten. Piénsalo de esta manera: hasta un golpe que te derriba (o que te noquea) tiene el beneficio de llevarte a ver cómo hacer las cosas mejor la próxima vez.

Tomo "no" como vitaminas

Mi amiga Sally Mackin, de la Fundación Woolawn, me dijo esto y nunca lo olvidé: "tomo 'no' como vitaminas".

No importa lo que me digas ni cuántas veces me digas NO, ¡seguiré alcanzando mis sueños! Justo esa fue mi manera de pensar después de mi experiencia al no tener donde vivir a los dieciocho años.

Estuve sin hogar por seis meses porque creí demasiado en mis propias capacidades, por estar mal enfocado en "estar ocupado" en lugar de concentrarme en los negocios reales. Sin embargo, aprendí mi lección y corregí mi manera de pensar. También, después de eso, me volví inmune al fracaso. Ya no me volvió a molestar.

Quiero decir, ¿qué me vas a decir cuando entre a tu oficina? ¿Me vas a decir "no"? Bueno, ya había escuchado un "no" cuando entré. No puedes caer más abajo del piso.

Decidí que yo era bueno. Decidí que yo era suficiente. Comenzaría justo donde estaba. Y luego, me levantaría más alto.

Es difícil golpear un objetivo en movimiento

El temor es un mocoso. Es perezoso y se sienta en el estómago de los que le dan la oportunidad de inmovilizarlos a ellos y a sus vidas. Toma el control de personas que se petrifican como un venado ante las luces de un auto. No pueden moverse. Pero el temor es inútil contra alguien que cree. O, como lo escribí en *Love Leadership,* "la valentía no es nada más que tu fe extendiéndose en medio de tu temor, revelándose como acción en tu vida".

Mi método es sencillo: el temor es perezoso, pero no lo soy. No soy perezoso. Yo trabajo. Y duro. Todo el tiempo. No me detengo, y es difícil golpear un objetivo en movimiento. Así que no dejes de moverte.

La persistencia y la resiliencia son más poderosas que el pedigrí y la mera inteligencia

El presidente Calvin Coolidge, en una ocasión, dijo en forma célebre: "sigue adelante: nada en el mundo puede reemplazar la persistencia. El talento no lo hará, nada es más común que hombres muy talentosos pero fracasados. La genialidad no va a funcionar, la genialidad no recompensada es casi un dicho común. La educación tampoco, el mundo está lleno de indigentes educados. La persistencia y la determinación solas son omnipotentes" ("Those Persistent Coolidge Scholars", Kai's Coolidge Blog, June 14, 2012).

Tengo títulos de doctorado honoríficos de universidades y títulos y certificaciones especiales de universidades muy importantes, y con frecuencia doy discursos para graduandos en sus ceremonias de graduación, pero la realidad es que mi máximo nivel educativo es un diploma en educación general (DEG) de secundaria. El comediante Chris Rock lo llama el "diploma de cumplimiento".

Habiendo dicho esto, mi nivel de empuje es muy conocido. Al igual que mi persistencia. Yo te voy a superar en trabajo, voy a correr más rápido que tú y te voy a superar en la táctica también. Te voy a desgastar solo por mérito. Ponme en una sala llena de graduados de MBA y Ph.D. y les tomará mucha ventaja, no necesariamente porque yo sea más inteligente, sino porque mi nivel de persistencia, resiliencia y empuje está a un nivel muy diferente (más elevado).

¿Cuál es tu nivel de resiliencia y empuje? ¿Qué tan persistente eres? ¿Dejas caer tus manos solo con la primera señal de injusticia, sesgo o discriminación? Bien, si ese es el caso, vas a tener que lidiar con la falta de logros por el resto de tu vida, porque las tres cosas que te garantizará la vida son la muerte, los impuestos y los desafíos injustos.

Supéralo, o deja que te atropelle.

El 10% de la vida consiste en lo que la vida te hace y 90% en cómo reaccionas ante ello

Personas de la clase invisible: ustedes deben dejar de concentrarse en cómo los tratan y si es un trato justo o correcto.

Asuman que los van a tratar injustamente. Asuman que la vida no va a ser justa la mayor parte del tiempo.

Asuman que los otros no van a hacer lo que es correcto.

¿Y ahora qué? Les diré qué: ahora, cambien el juego.

Den la vuelta al guion. Decidan que, aunque no pueden controlar lo que hacen los demás, sin duda pueden controlar sus respuestas a aquellas cosas. El 10% de la vida consiste en lo que la vida te hace y 90% en cómo respondes a la vida.

¿Cuál va a ser tu respuesta?

Toma de nuevo tu poder. Entiende que cualquier reacción será emocional y cualquier decisión tomada según las emociones va a ser la equivocada. Cuando respondes con la cabeza, retomas el poder personal sobre tu propia vida. Vuelves a tener el control.

¿Qué tan lleno está tu vaso?

Tu manera de ver el mundo es un determinante absoluto de tu lugar en él y de tu capacidad para moverte en medio de los problemas, salir de ellos o quedar atrapado.

Esta es una verdad muy sencilla: si ves que el vaso de la vida está medio lleno, entonces estás en un mundo de problemas. Eres negativo. No tienes fe. Este mundo se va a comer tu almuerzo.

Si ves al mundo como un vaso medio lleno, bien, entonces tienes suerte. Eres un optimista. Crees. Tienes esperanza. Como resultado, encuentras caminos en medio de los problemas y sales de ellos. Eres un solucionador de problemas. Vas a poseer este mundo.

Un emprendedor trabajó dieciocho horas al día para no tener que conseguir un empleo de verdad

Los emprendedores están dispuestos a trabajar sin pago, porque han encontrado en qué son buenos y, además de eso, han encontrado algo que harían así no les pagaran, les gusta hacerlo. Ellos aman lo que hacen. Y solo por esta razón, un emprendedor o alguien con espíritu de emprendimiento tiene una ventaja sobre el resto del mundo.

Alguien con espíritu de emprendimiento se levanta más temprano, se queda despierto hasta tarde, piensa con más intencionalidad, permanece más concentrado, es más creativo, es más inteligente en su forma de vivir y todo lo reimagina. Los emprendedores aman tanto lo que hacen que están dispuestos a trabajar gratis con tal de no tener un empleo tradicional. Ellos quieren un propósito para sus vidas y no solo un empleo temporal o un trabajo a donde tienen que llegar.

¿Cuál es tu pasión? Cualquiera esta sea, cualquiera sea esa pasión, tendrá una gran ayuda si adoptas una mentalidad de emprendimiento.

Obtén un empleo o genera uno

Siempre he dicho que, si no puedes conseguir empleo, entonces genera uno.

Quienes están engranados en las estructuras de poder de cualquier ciudad o estado siempre obtienen los grandes empleos en las torres de oficinas. Todos los grandes empleos con beneficios vigentes son para los que hacen parte de la estructura de poder y los que conocen a los que están en dichas estructuras. En otras palabras, las personas de la clase invisible quedan a la espera.

Entonces, ¿qué haces si no puedes obtener un empleo? Genera uno, así como los inmigrantes que vinieron a los Estados Unidos en el siglo XX en busca de una mejor vida.

Desde Irlanda, Italia, Polonia y muchas otras partes Europa occidental y oriental, esos inmigrantes no conocían a nadie. No tenían poder, no tenían estructura de poder, no tenían círculos de poder.

Ellos eran personas pobres que, en su mayoría, solo conocían a otros pobres. Sin embargo, ellos también vinieron buscando el sueño americano con seguridad y una medida de autoestima (de otra forma no habrían llegado a las costas de los Estados Unidos).

Así que ellos crearon sus propias oportunidades, no podían obtener empleos que valieran la pena, así que no tenían más opción que genera sus propios empleos. De modo que se pusieron manos a la obra. Vendían cosas. Hacían cosas. Comerciaban cosas. Innovaban, hacían cosas nuevas. Eran emprendedores.

Esta ola de inmigrantes de principios del siglo XX, casi con una sola mano, sembró toda una generación de crecimiento económico y empleos en Estados Unidos. Ellos crecieron de nada a algo; tomaron una idea, la convirtieron en una pequeña empresa y luego desarrollaron esa pequeña empresa hasta hacerla grande. En tiempos posteriores, los inmigrantes vinieron de partes de África, Asia y Latinoamérica, y respondieron al mismo desafío de la torre de oficinas, de la misma manera que los que vinieron antes de ellos. Hoy en día, estos inmigrantes de todo el mundo son los que impulsan y dan energía a la economía más grande del planeta.

Los narcotraficantes son emprendedores (ilegales)

Hablando de generar empleos, en una reciente reunión de la Iniciativa Global Clinton para los Estados Unidos (CGI Estados Unidos), hablé sobre mi visión para volver a ganar a los Estados Unidos y di el ejemplo de un comerciante de narcóticos en una zona céntrica urbana.

Mientras hablábamos sobre el poder de la idea americana, las pequeñas empresas, el emprendimiento y lo que todos necesitamos ahora, generar empleo, la pregunta sencilla que le planteé a la audiencia de más de mil líderes fue: "¿qué creen que es un narcotraficante si no un emprendedor ilegal y falto de ética?".

La idea general de vendedores de narcóticos y las pandillas con las que crecí en Compton, California, y la zona sur del centro de Los Ángeles, en realidad me hace dar náuseas. George, mi mejor amigo de la niñez, murió asesinado mientras compartía con el matón de los traficantes de drogas del vecindario. Creo que el tráfico de drogas es tan inmoral como falto de ética, y hay un lugar especial reservado en el infierno para cualquiera que venda muerte a su propia gente, en su propia comunidad y en nuestras escuelas.

Dicho eso, si alguien es un traficante de drogas "exitoso", podrá ser todo *menos* tonto.

Estos traficantes de drogas entienden de importación, exportación, finanzas, mercadeo, venta mayorista, venta minorista, servicio al cliente, margen de ganancia, venta adicional, geografía, territorio y, desde luego, seguridad. Con muy pocos recursos naturales a su disposición, ellos entienden cómo tomar una idea y hacerla realidad (quizás demasiado real) en las vidas de las personas.

Haciendo todo esto y sí, ¡vuelvo a reconocerlo, no es ético y es ilegal en todo el sentido!, ellos tienen éxito creando empleos para sí mismos y muchos otros que los rodean.

Es claro que nada de esto es sostenible. No hay narcotraficantes jubilados. Sus opciones a largo plazo son la prisión, la libertad condicional o la muerte. Y, dado que ellos no están pagando su justa parte de impuestos al servicio de renta interno sobre sus ganancias mal habidas, sus "carreras" ni siquiera podrán *continuar* por mucho tiempo. Recuerda que el gobierno federal no condenó al mafioso Al Capone por su largo historial de asesinatos y violencia, sino por evasión de impuestos. El gobierno *terminará* por atraparte, de una u otra forma. Yo preferiría pagar mis impuestos y ya (risas).

Entonces, ¿por qué tantos de nuestros chicos con bajos ingresos quieren ser traficantes de drogas, estrellas de pop o rap y atletas profesionales? Es una generalización que tristemente también resulta cierta. La respuesta es sencilla.

Ellos quieren triunfar tanto como tú y como yo, pero, por desgracia, donde viven se están formando según lo que ven. Debemos darles a ver algo diferente.

En su esencia, los traficantes de narcóticos y los organizadores de pandillas en vecindarios de zonas urbanas céntricas de mi infancia eran brillantes organizadores, estrategas y desarrolladores de empresas. Ellos eran impulsadores y emprendedores por naturaleza. Supe de un traficante de drogas muy talentoso que incluso emitía cheques de nómina corporativos completos con retenciones a sus "empleados".

Con todo, a diferencia de mí, esos jóvenes emprendedores en proceso tenían *horribles* modelos a seguir, incluso peores entornos familiares y, sin duda, un inestable y corrupto modelo de negocios construido sobre lo que yo llamo "capitalismo malo".

Tuve la fortuna de crecer en un hogar estable, aunque con dificultades financieras, donde todos los días mi madre me decía que me amaba y mi padre era el propietario de una pequeña empresa. Mi camino hacia el éxito estaba puesto delante de mí. Todo lo que debía hacer era seguir el camino y no arruinarlo. A la mayoría de mis amigos les fue mucho peor.

Ahora, al buscar soluciones reales y sostenibles para la pobreza y la falta de oportunidades que a diario veo en mi trabajo en Operación HOPE y en nuestras comunidades urbanas y rurales de escasos recursos en todos los Estados Unidos, poco a poco estoy llegando a una extraña conclusión.

Estas personas, que sin esfuerzo están destruyendo las mismas comunidades y las sólidas estructuras familiares que desesperadamente estoy tratando de salvar, también podrían salvarlas.

Para ser un emprendedor exitoso, debes ser contradictor, alguien que piensa (y actúa) diferente, alguien que corre riesgos, que es persistente e innovador, un trabajado esforzado y alguien que tiene una visión para sí mismo, esos mismos rasgos que encuentras en traficantes de drogas y organizadores de pandillas.

Como nación, literalmente, estamos encerrando (por ofensas no violentas) y tirando a un lado el 20% de la sociedad, jóvenes con ímpetu y energía emprendedora por naturaleza, con los mismos rasgos de carácter necesarios para levantar comunidades pobres, generar nuevos empleos y hacer crecer el PIB interno.

Lo que a menudo queda en las comunidades menos favorecidas, después que encerramos a esos hombres y mujeres jóvenes, son los ancianos y los enfermos, los que son demasiado jóvenes para conocer bien, las familias en la quiebra y los buscadores de empleos tradicionales. Siendo respetuoso, esta no es una prescripción exacta para el crecimiento económico y una base estable de impuestos.

Según el libro de Malcolm Gladwell, *The Tipping Point*, se necesita solo el 5% de buenos modelos para estabilizar una comunidad. No el 80% o el 50%, ni siquiera el 25% o el 10%. Solo el 5%. Eso es alcanzable.

¿Qué habría sucedido si todos aquellos brillantes jóvenes que querían ser traficantes de drogas, estrellas de rap y atletas profesionales (porque esos son los símbolos de éxito que ven en sus comunidades) hubiesen tenido modelos de negocios adecuados o pasantías en empresas durante la niñez?

Eso quizás habría lo habría cambiado todo. En mi caso así fue.

Adoptando la economía de trabajo temporal

Una mentalidad emprendedora es crucial para todos, pero, para ser honestos, no todos estamos hechos para ser emprendedores. Eso tiene mucho sentido, puesto que los emprendedores que desarrollan cosas también necesitan grupos de empleados comprometidos que puedan ser desarrolladores y colaboradores.

La belleza de este nuevo mundo en el que vivimos es que es fácil ser emprendedor a tiempo parcial en tus propios términos y empezar a generar verdadera riqueza. De eso es de lo que se trata la economía de trabajos temporales. Es una parte inmensa de todo el cambio y transformación que está sucediendo, y puedes hacer que funcione para ti.

¿Qué aspecto tiene el empleo en este nuevo mundo en el que estamos? Puedo decirte lo que no es: no es una carrera laboral de veinticinco años en una compañía. De hecho, a veces apenas se asemeja a un empleo tradicional de nueve a cinco.

La economía de trabajo temporal es un mercado laboral que se caracteriza por contratos a corto plazo o trabajo independiente, contrario a empleos permanentes. Participar de la economía del trabajo temporal puede ayudarte a crear tu propia economía. Estás creando tu propia riqueza, haciendo tus propias elecciones y, como resultado, estás abriendo tus ojos a posibilidades y oportunidades reales en el mundo.

Muchos de estos trabajos y oportunidades de corto plazo no van a durar, pero algunos terminarán siendo nuevas ocupaciones o incluso carreras completas. Y unas pocas de estas nuevas empresas pequeñas se van a convertir en nuestras grandes empresas tradicionales del futuro.

Los servicios de transporte Uber y Lyft son excelentes ejemplos de la economía de trabajo a corto plazo.

Conozco infinidad de conductores de Uber que no solo están teniendo ingresos decentes, sino que también están creando riqueza.

Un conductor de Uber en Denver renunció a un trabajo con salario anual de seis cifras en un importante banco para crear más libertad y elegir un mejor estilo de vida para sí mismo. Un par de años después, tenía varios autos bajo su contrato de Uber, estaba ganando un millón de dólares en utilidades al año y, lo que era de gran importancia para él, estaba generando empleos, opciones y más libertad para las personas que más le importaban en su comunidad.

Otro conductor de Uber en Washington D.C. comenzó como portero en el Hotel Park Hyatt. Gracias a los comentarios de los huéspedes del hotel, supo lo ineficiente que eran los servicios de taxi en esa zona y, también, si tenía la oportunidad, vio que podía hacer un mejor trabajo que ellos. Así que lo hizo. Ahora es uno de los mejores conductores de Uber en la ciudad.

También existen empleos de economía de trabajo a corto plazo que, en realidad, parecen oportunidades de compañías de economía tradicional. Por ejemplo, empresas como Primerica Life Insurance Company te permiten recibir entrenamiento y certificación en el campo de los seguros para recibir una franquicia oficial de una empresa reconocida y así comenzar tu propia empresa creando un flujo sostenible de ingresos y, ojalá, una futura fundación de riqueza financiera, todo por una inversión de cien dólares. (*Aclaración*: Primerica es un socio de Operación HOPE).

Dermalogica, otro socio de Operación HOPE, está muy involucrada con la industria de cuidado personal, belleza y bienestar, algo que no va a desaparecer fácil en poco tiempo. De hecho, es una de las industrias de mayor crecimiento y más sostenibles del mundo, y Dermalogica proporciona una excelente e innovadora oportunidad para tener su propia empresa a las mujeres emprendedoras que deseen ser parte de ella. Aunque la automatización está aumentando en muchos campos y va a reemplazar muchos empleos durante las próximas décadas, ninguna computadora o robot nos dará un masaje facial en el futuro cercano (o lejano).

Dermalogica la inicio mi amiga Jane Wurwand, quien llegó a los Estados Unidos con poco dinero, mucha fuerza de carácter, una pasión por convertirse en un agente de cambio y unas habilidades de gran valor comercial en el cuidado de la piel. En el lapso de un año, ella y su compañero comenzaron una empresa enseñando a otros a entrar al campo del cuidado de la piel. Hoy en día, Dermalogica se beneficia de ambos extremos del ciclo de ventas: en el desarrollo de productos y ventas, y en el entrenamiento para terapistas de cuidado de la piel. Hoy, con más de cien mil terapistas entrenadas y certificadas en el cuidado de la piel en todo el mundo y en cada continente, Dermalogica es uno de los más grandes productores a nivel mundial de profesionales capacitados en el cuidado de la piel.

Autos caravana personales, botes con motos y condominios a la renta, todos estos son ejemplos de una economía de trabajo temporal.

Airbnb permite que familias y personas mejoren sus ingresos mientras, por una porción de sus gastos cotidianos, pagan sus residencias principales o las hipotecas de sus casas de vacaciones. He visto personas rentar sus casas, una habitación en sus casas, una habitación compartida o un auto caravana en su garaje; ¡incluso conozco a alguien en el área de Buckhead en Atlanta que rentó su bien elaborada casa en un árbol!

Durante gran parte de las últimas tres décadas, cuando veía una auto caravana en la autopista o estacionado en el garaje de una casa en la ciudad, pensaba que aquel vehículo, en el mejor de los casos, era un vehículo recreacional que se usaba una vez al mes. Yo asumía que un vehículo recreacional como ese era algo similar a comprar una caminadora y ponerla en tu habitación: lo que alguna vez fue un gran sueño, luego se convirtió en un costoso e inútil gancho de ropa. Estaba equivocado.

Un día, decidí tomar un fin de semana para llevar a mi familia a un autódromo a las afueras de Atlanta donde planeaba conducir mi Ford Shelby GT350R de competencia. Lo que no quería era que mi madre y mi familia se congelaran bajo el frío invierno de Georgia. De modo que decidí ver si en Georgia podía rentar un vehículo recreacional con acomodación para dormir. Mi computadora explotó con la cantidad de posibilidades disponibles.

Me asombró ver que había infinidad de empresas, incluyendo Rvshare, Atlanta RV y Cruise America, que lo único que hacían era representar y rentar esos autos caravana que veía en las autopistas y en los garajes, mientras sus propietarios no los usaban. Yo pagué una pequeña fortuna para alquilar uno de esos autos durante ese largo fin de semana, así que no es difícil imaginar que muchos propietarios pueden pagar el costo de su vehículo en un corto plazo, solo con la renta esporádica, pero consistente de personas como yo. Brillante. Y este elegante y pequeño modelo de negocios ahora se ha aplicado a botes de alta velocidad, casas en botes, condominios y quien sabe qué más.

Los asistentes virtuales son personas inteligentes y muy capaces que, por lo general, trabajan desde casa y en su propio horario. Ellos trabajan con clientes que tienen necesidades específicas, que pueden incluir administración, manejo de horarios y gestión de proyectos. Reciben un buen salario y trabajan por contrato, de modo que ellos o sus clientes pueden cambiar el acuerdo cuando quieran. Sé que funciona, porque durante un par de años en Operación HOPE usé asistentes virtuales para mí y otros miembros de mi equipo superior de liderazgo.

Grubhub, DoorDash, UberEATS y Yelp Eat24 son otros ejemplos de la economía de trabajos informales. Estos servicios de entrega de comidas son creadores de soluciones innovadoras para un mundo ocupado, cambiante y especializado, deseoso de recibir servicios. También hay innovadores que cambian el modelo tradicional de entregas haciendo cosas que no se habían hecho antes. Por ejemplo, crear ejes centralizados donde, en un solo lugar y por internet, quienes tengan hambre puedan buscar, ordenar y pagar todo tipo de diferentes clases de comida, y es evidente que lo han hecho tal como muchos lo querían. Con esto, ayudaron a crear energía económica y expandieron las oportunidades para los restaurantes y proveedores de servicios de comidas. Más PIB. Más empleos de corto plazo.

Supe de TaskRabbit por medio de un familiar cercano. Cuando conocí al representante que enviaron, un joven muy inteligente llamado Trevor Travers, esto me confirmó que en cada esquina de cada ciudad había talentosas joyas. Trevor no tardó mucho en dejar de trabajar para TaskRabbit y comenzó a trabajar para Operación HOPE. Ahora trabaja en HOPE mientras también gana dinero extra haciendo trabajos de corto plazo conmigo en otras áreas, incluyendo proyectos especiales en torno a mi pasión por los deportes a motor. Poco después, el amigo de Trevor, David Triplet, que es igual de talentoso e inteligente, se unió al equipo. Ellos dos ahora son el núcleo de mi equipo de tecnología de la información en Atlanta. Jóvenes, deseosos de conocimientos y muy "animados".

Etsy es una tienda virtual de tiempo parcial para innovadores, emprendedoras y propietarios de pequeñas empresas que no tienen la capacidad de hacer lo que Etsy hace por sí solo. Es un mercado en línea, un portal central para clientes y proveedores por igual, un sofisticado, pero cercano comerciante de bienes exclusivos, un lugar especial para innovadores y una fuente confiable para quienes desean algo único.

Estos y otros ejemplos de economías de trabajos informales son soluciones prácticas a una economía que se ha fracturado y roto en tiempo real (como lo observó en un comienzo el notario móvil Eric McLean en mi último libro *How the Poor Can Save Capitalism)*. Estos son ejemplos prácticos de cómo sacar ventaja en una economía que ha perdido trabajos y sectores completos de la revolución industrial del siglo XX y está ocupada rastreando la pérdida de otro 30% de empleos y sectores en el siglo XXI.

Como lo he escrito en otras partes de este libro, siempre se están generando nuevos empleos y, en sus lugares, están emergiendo nuevas industrias globales, así como sectores que antes no existían. Estamos hablando de billones de dólares en futuro PIB. Y, con una economía global actual de aproximadamente setenta y cinco billones de dólares y un estimado económico a futuro de más de doscientos billones, las únicas verdaderas preguntas son: ¿quién va a obtener su participación de esa diferencia de ciento veinticinco billones? Y, ¿cómo puedes asegurarte de tener tu parte?

¿La respuesta? Asegúrate de obtenerlo siendo emprendedor. Esta es una frase que debes memorizar, está basada en el mensaje de la inteligencia financiera:

Nunca ha habido un líder global que no haya sido, primero, un líder económico.

A veces, los regalos y las oportunidades para el futuro se sienten como dolores en el presente, pero eso no quiere decir que no sean justo eso: oportunidades para tu futuro.

No te limites a conseguir empleo o trabajar como empleado. Sé emprendedor.

Sé resiliente, ten ímpetu. Toma "no" como vitaminas. Busca siempre oportunidades para crear tu propia economía. Entiende que los arcoíris solo vienen después de las tormentas, que no puedes tener un arcoíris sin haber tenido primero una tormenta. No solo es una buena teoría (y una historia agradable), sino que también es evidencia científica y física. Hace parte de recibir el mensaje de la inteligencia financiera.

NORMA NÚMERO CINCO

El capital espiritual es el comienzo de la verdadera riqueza, posee tu propio poder

No somos seres humanos viviendo una experiencia espiritual. Somos seres espirituales viviendo una experiencia humana.

—PIERRE TEILHARD DE CHARDIN

La vida consiste en energía. Piensa en todo lo que es importante para ti y en tu vida. Hablo de amor, caridad, compasión, fe, creencias, vulnerabilidad, gozo, confianza, autoestima, empatía, simpatía e infinidad de otros sentimientos del corazón.

¿Pero qué es lo que obsesiona a la mayoría de las personas? Las cosas. Casas, botes, autos, joyas, ropa y otras cosas que desaparecen con el paso del tiempo.

Y esta es la razón por la cual la mayoría de las personas se sienten... miserables. La mayoría busca amor en todos los lugares equivocados. En las cosas.

Si quieres hacerte rico, entonces está bien, concentra tu energía en las cosas. Si quieres ganar riquezas, verdaderas riquezas, entonces aprende a pensar diferente, que es de lo que hablé primero en la Norma número 2. El embajador Andrew Young me dijo: "la verdadera riqueza viene de tu manera de pensar y no de lo que te obsesiona. La verdadera riqueza consiste en cierta cosmovisión. Una perspectiva. Determinado punto de vista de *ti mismo*".

Hay una diferencia entre estar en la quiebra y ser pobre. Estar en la quiebra es una condición económica temporal, pero ser pobre es un marco mental incapacitante, una condición depresiva del espíritu, una perspectiva rota de uno mismo.

La verdadera pobreza tiene poco que ver con el dinero.

Para ser claro, aquí no hablo de pobreza de sustento. Todo el mundo merece un techo sobre su cabeza, alimentos para comer y la capacidad de tener un cuidado razonable de su salud. En esencia, estamos hablando de dignidad humana. Todo el mundo merece esto. Sin embargo, ¿qué sigue después?

Hablo de crear riqueza más allá de adquirir alimentos, protección y necesidades básicas de cuidado médico.

Ahora hablo de un camino hacia la dignidad financiera, el cual comienza con tener riqueza espiritual.

Primero que todo, hablo de autoestima y confianza, que es la mitad del desafío de tratar con la pobreza y la riqueza. Si no sabes quién eres a las 9 a.m., a la hora de la cena otra persona te dirá quién eres.

Estoy hablando de modelos a seguir y de tu entorno. Si te rodeas de nueve personas en la quiebra, puedo garantizarte que tú serás la décima. Es más, si te rodeas de nueve generadores de riqueza, tú también serás el décimo.

La abuela de mi amiga, la doctora Regina Benjamin, fue una emprendedora. Ella dirigía una empresa en su pueblo y era propietaria de bienes raíces. Viviendo en una zona rural del sur en los años 1930, ella fue un modelo a seguir, una presencia transformadora en su pequeño pueblo. Tanto la abuela de la doctora Benjamin como su madre fueron fuertes modelos femeninos cuya autoestima seguridad y riqueza espiritual se impregnaron en los huesos de Regina.

La universidad era una conclusión inequívoca para ella. En su familia, no se hablaba de una educación de kínder a grado doce, para ellos lo mínimo era la universidad. Regina también se unía a todo. Le encantaba hacer parte de clubs. Bueno, el club más popular en la Universidad Xavier era para estudiantes de pre-medicina, así que ella se unió a ese grupo con mucha seguridad. Sin darse cuenta, su entorno era una red de triunfadores tipo A en el campo de la medicina.

En el año 2009, Regina llegó a ser la doctora Regina Benjamin, nuestra decimoctava cirujana general de los Estados Unidos.

La familia de la doctora Benjamin le enseñó el arte y la práctica de la esperanza, lo cual me lleva a mi siguiente punto: estoy hablando de aspiraciones y oportunidad. La aspiración es una palabra clave para esperanza. Y así como los billetes de dólar son la divisa del capital económico, la esperanza es la divisa del capital espiritual. La esperanza es la muestra externa de la riqueza espiritual interna.

La persona más peligrosa del mundo es aquella que no tiene esperanza, pero lo opuesto también es cierto: la persona más poderosa del mundo es alguien arraigado en su propio sentido de esperanza.

No en lo que los demás piensen de ella. No en cuál es su imagen pública.

No en si agradan o no.

No en si son admirados o no, o incluso si pueden jugar bien o no.

Y, sin duda, no en cuál es su capital neto o cuántas casas tienen o poseen.

Hablo de una esperanza arraigada, basada en amor e inspirada por algo mayor y más importante que uno mismo.

La esperanza es luz en el mundo incluso cuando la oscuridad nos rodea. La esperanza tiene su propio "norte" incluso cuando todos los demás van en la dirección opuesta. Incluso cuando todos los demás pueden estar en desacuerdo, la esperanza persevera.

Únicamente con esperanza puedes llegar a estar "razonablemente cómodo" con lo que eres. El activo más poderoso que puedes tener en tu vida es estar razonablemente cómodo con lo que eres. Para mí, esta ha sido la esencia de mi poder espiritual y ha creado mi riqueza espiritual, es mi salsa secreta personal. No puedes tener esperanza, en especial cuando el mundo parece ir en tu contra, sin tener una comodidad razonable con lo que eres.

El doctor Cecil "Chip" Murray en una ocasión me dijo: "lo más importante no es cómo te llama la gente, sino tu respuesta a eso" y "nunca, jamás, responder fuera de tu nombre". Eso es lo que haces si estás razonablemente cómodo con lo que eres. Si has creado capital espiritual, si tu camino está alimentado de esperanza.

La esperanza nos recuerda que la maldad es bondad fallida. Nos recuerda que la oscuridad no tiene definición sin la existencia de la luz.

Incluso ese malvado Lucifer de la Biblia en algún momento fue un ángel, lo cual significa que incluso el Dios Todopoderoso da permiso para que la maldad exista. Así de poderosa es la esperanza, es un primo directo de "Aquel que es".

La maldad humana no existe fuera de ti, así como tampoco la bondad espiritual. Todo esto está en tu interior. Y ambos lados luchan por ganar el dominio sobre tu día. Todos. Los. Días.

Así que las preguntas son: ¿quién está ganando y qué se necesita para ganar? Mejor aún: ¿necesitamos repensar en esencia qué aspecto tiene el triunfo?

El verdadero poder permite que todos ganen

Mi mejor amigo, Rod McGrew, en una ocasión me dijo: "cuando de verdad tienes el poder, no necesitas usarlo". Él tiene la razón. Sin embargo, no vas a tener el poder, o incluso no vas a entenderlo de verdad, si no puedes quitarte de tu propio camino.

Volvamos a la pregunta de qué aspecto tiene el "triunfo". La perspectiva tradicional es que, para que yo pueda ganar, tú debes perder. Pero en las cosmovisiones del doctor King, Andrey Yong y Nelson Mandela, la apertura se abre lo suficiente como para permitir que todos ganen. De hecho, sus cosmovisiones lo exigen.

El doctor King creía que un grupo minoritario no podía ganar basándose en fuerza cruda y bruta. Él no tenía ejército ni inventario de bombas y balas, así que su movimiento necesitaba una estrategia diferente para ganar, una en la que el grupo minoritario perseguido tomara el mayor nivel moral en cada encuentro. Su brillante estrategia fue convertir los intereses de los mal llamados enemigos en la victoria del grupo minoritario oprimido.

Como resultado, el doctor King a menudo era el único líder afroamericano que hablaba de manera constructiva a los estadounidenses blancos, en un tiempo cuando la mayoría de los líderes negros hablaba solo de los Estados Unidos negros. En este último ejemplo, era mucho más fácil caer bajo el dolor invisible y mudo de los oprimidos. El dolor expresado en público por parte de la comunidad afro que surgió como resultado, a menudo pasó a ser el producto mismo o la "victoria". Sin embargo, en realidad era solo emocional, una terapia pública de corto plazo para un pueblo deprimido y herido. Esos líderes ganaron la batalla, pero nunca ganaron guerras que valiera la pena celebrar. No hubo un libro por los representados más allá de un reconocimiento de "bienestar" por su dolor.

Mi método moderno para resolver problemas se construye sobre la autoridad moral del doctor King, la diplomacia de Andrew Young, un poco de ánimo de Malcom X ("te han raptado, te han engañado, te han embaucado...") la inteligencia de la doctora Dorothy Height ("John, me agradas porque eres un soñador con una pala en las manos"), el amplio compromiso del presidente Abraham Lincoln, la sofisticación de Frederick Douglas y la incómoda innovación de Steve Jobs.

En las palabras del doctor Cecil "Chip" Murray: "Habla sin ser ofensivo. Escucha sin ser defensivo. Y siempre, siempre, deja empatado a tu adversario con su dignidad.

Si no lo haces, pasará el resto de su vida esforzándose por hacerte miserable. Pasará a ser algo personal".

Cuando puedes dejar a tus adversarios con su dignidad, cosa que es posible solo cuando posees riqueza espiritual (por ejemplo, sabes quién eres, estás razonablemente cómodo con lo que eres, y actúas basándote en esperanza y fe en tu futuro), el siguiente movimiento es un logro sencillo para la persona o el grupo en cuestión. Es un logro.

La riqueza espiritual se gana y, por lo tanto, se obtiene verdadera riqueza cuando nivelas el campo de juego y luego lo compartes, no es cuando haces explotar el campo. Con todo, nada de esto puede llegar a ser posible si estás enfadado, si cobras venganza o si igualar el marcador es el objetivo del juego.

Hoy en día, nadie puede darse el lujo de "ganarse la vida siendo airado", menos todos los que hacemos parte de la clase invisible.

Los verdaderos ganadores aprenden a pararse sobre el desorden, nunca en medio de él. Los verdaderos ganadores no reorganizan las sillas de cubierta en el Titanic de sus vidas. Nuestra consigna no puede ser: "¡El barco se hunde y estamos ocupados recogiendo cortinas!".

La verdadera riqueza consiste en retomar el control de tu vida, tener propiedad de ti mismo de aquí en adelante.

Quítate de tu propio camino

Mi amigo Quincy Jones dice que todo somos "receptores de un poder más alto".

De hecho, el único propósito de la vida puede consistir en llegar a ser transparentes con la voluntad de Dios, en aprender a quitarnos de nuestro propio camino. A decir verdad, pasé todo mi día tratando de quitarme de mi propio camino.

Entonces, ¿cuál es el problema? Nosotros mismos. Yo. Tú. Nosotros.

Recuerdo que le pregunté a mi amigo, el filósofo reconocido a nivel mundial, el doctor Pekka Himanen, cofundador de Global Dignity, ¿qué es lo que más importa en la vida? Él me dio una respuesta diferente, me dijo que lo que más importa es aquello de lo que más tenemos miedo: nosotros mismos.

Tenemos miedo de nuestro verdadero yo.

Están las partes públicas de nosotros que se ajustan para que el mundo las vea, por ejemplo, las páginas de nuestro perfil de Facebook o nuestras publicaciones de Instagram. Y están las partes privadas que en cierto grado nos avergüenza mostrar al mundo por miedo a ser juzgados.

La primera narrativa, esa parte pública de lo que somos, se transmite y comparte con el mundo por medio de algo que llamamos personalidad. La palabra personalidad viene de la raíz latina persona o "actuar".

Nuestra personalidad es la actuación que organizamos ante el mundo. Esta no necesariamente es fraudulenta o deshonesta, pero puede ser un medio para mantener a todos a una distancia prudente del verdadero y privado yo. Llámalo autopreservación.

En el caso de algunos, la persona pública es una sustitución completa del verdadero yo, porque creemos que se ve mejor. Tristemente, este es el comienzo de todas las cosas malas en nuestras vidas.

Con nuestro yo público, llegamos a ser perfectos solo dos veces: cuando nacemos y cuando conocemos a alguien por primera vez. De modo que, a menudo, "subcontratamos" nuestro verdadero yo para que represente aquello que a nuestro parecer es más interesante que nuestra realidad. Las fotos retocadas que se publican en las redes sociales suelen mostrar un mejor lado de nosotros, diferente a lo que realmente existe, así que reclamamos el mejor aspecto como si fuera nuestro. Esto es igual de opuesto a estar razonablemente cómodos con lo que somos.

Pobreza espiritual y adicción

Cuando no nos mostramos completos, cómodos y presentes en nuestras propias vidas, una cantidad de comportamientos comienzan a morar en nuestras vidas: embriaguez, consumo de drogas, tabaquismo, quejas, exceso de sexo, compras compulsivas, sueño en exceso, publicaciones descontroladas en redes sociales y una extensa lista de otras adicciones. Pero ninguna de estas cosas es sostenible. Nada de esto representa riqueza espiritual.

Las adicciones son reacciones a emociones que no podemos controlar. Cuando no tenemos sanidad del verdadero dolor en nuestras vidas y tenemos estas adicciones disfrazadas de "tiempos felices" tomando una afanosa ocupación en nuestras vidas emocionales, las cosas comienzan a empeorar, y muy rápido.

Cuando tenemos un hoyo en el fondo de la copa emocional de nuestras vidas, no importa cuánto viertas en ella. La copa seguirá con su orificio. Cada día vas a necesitar más y más de lo mismo para poder sentir el mismo alivio. Así es como las personas mueren: más y más de lo que no conviene vertido en sus copas emocionales. Y el espíritu parte primero, mucho antes de que el cuerpo muera.

Cada vez más, lo que estamos experimentando aquí en los Estados Unidos y a nivel internacional es una crisis de pobreza espiritual. Un mundo lleno de temor y con una esperanza que se desvanece. Un mundo de personas, buenas personas, hijos de Dios, que no se sienten vistas.

La esperanza es el antídoto del temor. Retomar tu sentido de ti mismo es el antídoto para la pobreza espiritual.

El primer paso es encontrar tu proyecto de identidad. Estoy seguro de que la mejor manera de salvar a la clase invisible y a todos los jóvenes que están en alto riesgo de perder la esperanza es ayudarles a encontrar su proyecto de identidad.

Cuando sabes quién eres, comienzas a creer en ti mismo y en tu futuro. Comienzas a crear capital espiritual. Reenfocas tu atención en lo positivo y en encontrar tu salida del desierto solitario de la depresión y el temor.

A partir de tu proyecto de identidad, el cual puedes considerar como el comienzo de una adopción genuina de tu verdadero yo, puedes comenzar a encontrar tu propósito. ¿Para qué estás aquí y cómo vas a comenzar a hacerlo?

El doctor Martin Luther King Jr. dijo en una ocasión: "si no sabes por qué estás dispuesto a morir, entonces no eres apto para vivir".

Sin esperanza, sin propósito, no hay riqueza espiritual.

No hay riqueza verdadera.

Acallar la mente da paso al flujo espiritual

Ahora que hemos alcanzado el poder verdadero que hay en nuestro interior, nuestro poder espiritual, tratemos con nuestra mente.

La mayoría de nosotros le hemos dado a nuestra mente demasiado crédito. Demasiado poder. Hemos promovido la mente muy por encima de su nivel salarial. Hemos puesto la mente a cargo de nuestras vidas y luego nos preguntamos por qué sentimos que nos estamos enloqueciendo a diario.

¿Por qué nos estamos enloqueciendo? Porque la mente nunca fue diseñada para hacerse cargo de nuestras vidas. Recuerda, somos seres espirituales viviendo una experiencia humana y no todo lo contrario. En una ocasión, mi jefe de personal, Rachel Doff, le preguntó a un ser querido: "¿puedes darme esa otra persona que hay en tu interior, la que te dice todas esas cosas destructivas, alocadas y negativas? ¿Puedes por favor darle a esa otra persona dentro de ti un nombre y decirle que se vaya?

El espíritu y el alma son los centros de mando para tu vida. Tu mente no lo es. Debes acallar tu mente y concentrarla.

Con todo, antes de que puedas acallar y concentrar tu mente, debes entender mejor los dos lados de ella. El cerebro izquierdo es el lado analítico. Es ahí donde hacemos cálculos, investigaciones, y procesamos datos y hechos. Considera esta información por un momento mientras hablo sobre el lado derecho del cerebro. El lado derecho es donde está la creatividad. Es ahí donde viven la aspiración, la esperanza los sueños y todas nuestras ideas más alocadas.

Ahora, esto es algo para pensar: si tu espíritu está bajo presión y tu esperanza está bajo arresto domiciliario, entonces, ¿qué recursos tiene el lado derecho del cerebro para emocionarse y soñar?

¿Dónde está el alimento mental de energía positiva que activa el aumento de endorfinas en el lado derecho del cerebro? ¿Dónde están las endorfinas que hacen que la realización de sueños y aspiraciones encienda la mente? ¿Dónde está la actividad del lado derecho del cerebro que luego activa al lado izquierdo para que desarrolle un plan detallado y racional a fin de hacer realidad tus sueños?

Dicho de otra forma, si estás deprimido y sin esperanza, es probable que no hagas mucho uso positivo de tu lado izquierdo del cerebro, la mente analítica. Y, peor aún, debido a que la oscuridad emocional está tomando residencia en tu interior, es probable que tus decisiones sean reacciones emocionales más que respuestas racionales; reacciones emocionales, airadas e incluso hasta oscuras.

El enemigo de tu progreso ahora te tiene justo donde siempre quiso tenerte: fuera del juego.

Cuando estás deprimido, tienes algo llamado "estrechez cognitiva". En otras palabras, ante la depresión, tu coeficiente intelectual se disminuye de manera temporal. Mi exploración de los vínculos entre las ciencias cognitivas y la pobreza moderna, la riqueza espiritual, la esperanza y, en últimas, la economía del comportamiento (elementos que compañías y organizaciones, tanto honorables como no honorables, usan con más frecuencia de lo que creemos para alcanzarnos y hacernos ofertas a las que podemos ser susceptibles) la inspiró la obra del autor y pensador Milhaly Csikszentmihalyi en su libro *Flow: The Psychology of Optimal Experience [Flujo: la psicología de la experiencia óptima]*.

Cuando las neuronas están activadas en tu cerebro y espíritu, entras en un estado de "mente aspiracional", donde obtienes "expansión cognitiva", en especial del lado derecho del cerebro, donde habitan la esperanza, la aspiración y los sueños. Mediante la aspiración cognitiva, temporalmente logras incrementar tu coeficiente intelectual.

En resumen, la riqueza espiritual de la que hablo aquí te hará más inteligente y más exitoso con el paso del tiempo. Así mismo, el creciente y persistente dominio de la pobreza espiritual o una mentalidad de pobreza, disminuirá tu energía mental, lo cual también reduce tu capacidad para tener energía económica individual. La energía económica de una persona es el origen de lo que el mundo llama PIB.

Dicho de forma directa, un estado mental de pobreza, una creciente desesperanza y falta de fe, te condenan a un futuro de cada vez más desespero económico.

Esto se convierte en un ciclo como cualquier otro ciclo que se alimenta a sí mismo, añadiendo combustible a una existencia ya tensa en sí misma.

Imagina esto: una persona soltera y cabeza de hogar que tarda catorce horas al día trabajando y transportándose, con malos modelos a seguir en un entorno malo, un sentido de autoestima abatido, baja confianza en sí misma y en sus habilidades, con sueños destrozados y demasiado mes por delante cuando ya se le ha acabado el dinero. ¿Lo imaginas?

Sin la mentalidad y el espíritu correctos, sin duda llegará la oscuridad.

Ahora, añade ignorancia financiera a esta tóxica mezcla de carencia económica generacional, menores niveles de educación, un sentido general de desesperanza, depresión y nada de autoconfianza, y tendrás el coctel perfecto para el evidente sistemático abuso social específico en casi todos los vecindarios con puntaje crediticio de cinco mil en los Estados Unidos. Ya sea que se trate de ciudadanos blancos o negros, zonas rurales o urbanas, la crisis, en esencia, es la misma.

Precisamente por esta razón, considero que la historia poco conocida de Freedman's Bank tiene tanto significado histórico.

El banco de ahorros de Freedman fue creado para enseñar a antiguos esclavos a cómo usar el dinero y sobre el sistema de libre empresa en el año 1865. En la actualidad, hay varios miles de millones de personas o más en todo el mundo que necesitan recibir el mismo mensaje de la inteligencia financiera.

El 10% de los adultos del mundo tienen el 85% del total de la riqueza del mundo, mientras que el 90% tiene solo el 1% restante del total de la riqueza del mundo. Ahora, es evidente que el primer grupo recibió el mensaje de la inteligencia financiera respecto al dinero. Y, ¿qué del resto de nosotros?

Esto es mucho más que un relato sobre el dinero. El dinero tiene una energía inherente a él mismo y esa energía (cómo y de dónde fluye, dónde está y dónde se asienta, quién la tiene y quien la pierde), también es una comprensión que debemos dominar. Hay todo un nuevo idioma que debemos aprender: el idioma del dinero.

En el fondo, este es un relato acerca de nuestra supervivencia o prosperidad. Acerca de si apenas lo ganamos y aceptamos eso como suficiente para nosotros, nuestros hijos y nuestra comunidad, o si trabajamos juntos por una aspiración compartida: una mejor vida para todos nosotros.

Aunque es verdad que todos somos hijos de Dios y, por lo tanto, todos nuestros desafíos, oportunidades y potencial son, en esencia, los mismos, algunos de nosotros (por ejemplo, los de la clase invisible) comenzamos en lugares diferentes. Debemos poner ese campo de juego desigual en evidencia y nivelarlo. Debe ser reconocido. Para algunos, es una desventaja obvia y, en algunos casos, histórica. Pero también puede ser una fortaleza escondida.

Como ya sabes, los arcoíris solo vienen después de las tormentas. No puedes tener un arcoíris sin antes tener una tormenta. Y la pérdida crea líderes, como lo detallé en mi libro *Love Leadership: The New Way to Lead in a Fear-Based World* (*Liderazgo de amor: la nueva forma de liderar en un mundo basado en el temor*).

Crecí en la zona sur del centro de Los Ángeles y Compton, California, y esto me hizo más activo. No nací en una familia con títulos de educación superior y obtuve un diploma de secundaria. Dicho eso, toda la vida he sido un aprendiz. Mi oficina en casa, así como mi oficina corporativa, están llenas de libros. Mi oficina en casa es, literalmente, una biblioteca.

A los dieciocho años de edad, no tuve dónde vivir por seis meses. Esto, en efecto, me hizo más fuerte. Cuando llegué al otro lado de esa humillante experiencia, no solo era más resiliente, sino que tenía más confianza en mí mismo. Me preocupaba menos lo que otros pensaran de mí y de mi imagen a corto plazo que otros promovían y levantaban, y me preocupaba mucho más mi crecimiento interior a largo plazo que yo debía trazar y recorrer. Estaba creando un nuevo yo para el siglo XXI.

Entendí que nada más podía matar justo lo que necesitaba más: mi espíritu inmortal.

Esta nueva comprensión me permitió redefinir el "éxito" en mi vida como "pasar de un fracaso a otro sin perder el entusiasmo".

Me ha permitido tomar "no" como vitaminas hasta hoy.

Todos los días.

No me canso cuando se presenta una crisis. Tiendo a controlar mis emociones. Me calmo más, me tranquilizo más. Encuentro mi luz interior en medio de todas y cada una de las crisis y tomo asiento bajo esa luz. Al hacerlo, me "ilumino". Y es ahí donde encuentro la mayoría de las respuestas a mis problemas. Nunca tomo una decisión con mi mente. Mis decisiones son 100% intuitivas, lo cual requiere la presencia de quietud y calma.

Es por esa razón que debemos hablar sin ser ofensivos, escuchar sin ser defensivos y dejar empatados a nuestros adversarios con su dignidad. De lo contrario, nunca saldremos del desorden en el que nos encontramos todos.

El poder espiritual no necesita ejercer venganza. No necesita apalear a un ofensor solo porque se tiene la capacidad de hacerlo. El poder espiritual también consiste en perdonar, no porque la otra persona lo merezca, porque a menudo no es así, sino porque nosotros lo merecemos. Merecemos y a menudo necesitamos soltar las cosas.

Odiar a otra persona hiere y destruye únicamente a la persona que odia. No hay paz ni quietud cuando se tiene odio. Y se necesita tiempo valioso y energía lejos de tu verdadera búsqueda: estar presente en tu propia vida, la que has organizado y creado.

Cómo crear tu propia riqueza espiritual

Hay tres formas de vivir: haciendo frente (es decir, soportarla), suicidándose (es decir, dándose por vencido) y sanando (es decir, siguiendo adelante). La mayoría de las personas solo hacen frente a la vida. El suicidio en realidad no es una opción. La sanidad es la única manera de avanzar. Ganar riqueza espiritual hace parte del proceso de sanidad en esta vida.

La riqueza espiritual consiste en perfeccionar nuestras imperfecciones, consiste en encontrar esa pequeña luz en lo profundo de tu ser y sentarte allá. Solo se trata de tomar asiento allí y ser iluminado. Aceptarte tú mismo. Estar presente en tu propia vida.

Para citar a Eckhart Tolle de *The Power of Now* (*El poder del presente)*: "Ayer es un recuerdo y no existe. Mañana es el futuro y no ha sucedido. Ninguno de los dos existe. Ninguno de los dos es real, pero la mayoría de nosotros tenemos un pie en el pasado y uno en el futuro. Y es por eso que no estamos presentes en nuestras propias vidas".

La mayoría de nosotros estamos obsesionados y distraídos con un pasado que no ha sanado, o peor, vivimos en el futuro pensando que, cuando nos mudemos a una nueva ciudad, obtengamos un nuevo empleo o nos casemos con otra persona amada, todos nuestros problemas se van a resolver.

Estas narrativas falsas además de quitarte la única cosa que es, este momento presente, también te quitan tiempo precioso y recursos valiosos. Justo el tiempo que podrías concentrar y dedicar a la única cosa que debería importar: retomar el control de tu vida.

Cuando entendemos esta joyita, es cuando comenzamos a acumular verdadera riqueza espiritual.

"La vida es la vida difícil".

Esta es la primera frase en el exitoso libro del doctor Scott Pecks, *The Road Less Traveled (El camino menos transitado)*. Si no soportas esa afirmación, entonces no te molestes en leer el resto de este innovador libro acerca de convertirte en tu verdadero yo.

Lo que ves depende del sitio donde te encuentres sentado. Nadie te promete un jardín de rosas, y depende de ti si crees que el arbusto de rosas tiene pocas espinas o que el arbusto de espinas también tiene algunas rosas. Es tu elección.

¿Qué estás eligiendo para tu vida? ¿Qué te estás diciendo?

¿Entiendes que "los pensamientos son cosas"?, para citar de nuevo a mi amigo Rod McGrew.

¿Entiendes que estás cambiando la composición química de tu cerebro y que la energía en tu cuerpo, de acuerdo a tu forma de ver, sentir e interactuar con el mundo?

¿Estás listo para ser el caballero de la mesa redonda de tu vida? ¿El protector principal de tu familia? ¿El líder de tu comunidad?

¿Estás listo para retomar el control de tu vida?

Estas son las preguntas que debes estar listo para responder antes de afirmar que tienes riqueza espiritual.

Es el primer paso para presentar tu propia grandeza, la cual te permitirá perseguir tus sueños de libertad económica, ya sea que estos consistan en tener una casa, comenzar una pequeña empresa o ser un emprendedor.

Considera que casi la mitad de los empleadores exigirán una revisión de tu crédito antes de contratarte. Cuando recibes el mensaje de la inteligencia financiera, tienes las herramientas para incrementar tu puntaje de crédito a 700 (Operación HOPE también puede ayudar) y, en el proceso, retomas el control de tu vida. Cuando tus aspiraciones crecen, así como tu puntaje crediticio, también crece tu bienestar. También crece tu autoestima, tu confianza, tus opciones en la vida.

En Operación HOPE, te enseñamos que, si no puedes obtener un empleo, tú puedes crearlo. Puedes convertirte en tu propio proyecto de empleado independiente. Sin embargo, todo esto exige fortaleza espiritual. La riqueza espiritual es el cimiento.

CONCLUSIÓN

Este es tu mensaje de la *Inteligencia Financiera*

El movimiento de los derechos civiles se libró y se ganó en las calles, pero el movimiento del derecho al dinero se luchará y ganará en los trajes.

Los derechos civiles consistían en raza y la línea de color, pero el derecho al dinero consiste en clase y pobreza. Si tratas con las clases, a menudo recibes la raza sin ningún costo. Es hora de tener un nuevo movimiento y su color es verde (como el color del dinero).

Pero la riqueza, así como la pobreza, comienza en el corazón, el alma y la mente antes de que pueda terminar en tus bolsillos.

Debemos recordar que somos nuestro primer capital. Somos los Directores Ejecutivos de nuestras propias vidas.

Somos inversionistas e inversiones. Somos poseedores de un capital de relaciones.

Somos los traductores y transmisores de nuestros sueños. Debemos convertirnos en aprendices de por vida.

Nunca debemos renunciar a la curiosidad que tuvimos cuando niños, a nuestra esperanza y a nuestro gozo.

Debemos aceptar que, en todo este planeta, no hay nadie más como nosotros.

Y luego debemos adoptar esa realidad, adquiriendo autoestima y confianza, sin arrogancia y un ego innecesario.

En definitiva, debemos reclamar nuestras propias definiciones de nosotros mismos. Debemos poseer ese precioso e invaluable activo, nuestra autodeterminación.

Pero no puedes ser autodeterminado sin primero recibir el mensaje de la inteligencia financiera.

El mensaje se constituye de todas las cosas importantes del mundo que nadie se tomó el trabajo de decirte, y mucho menos enseñarte, respecto a cómo hacer que tu capital interior (tu mentalidad, tus relaciones, sus habilidades de emprendimiento y, por sobre todo, tu riqueza espiritual) trabaje para ti hacia tu liberación económica.

Este es tu mensaje.

RECURSOS

Así que recibiste el mensaje de la inteligencia financiera. ¿Y ahora qué?

Uno de los primeros pasos hacia la independencia económica es la educación financiera. La siguiente es una lista de recursos sobre educación financiera para ayudarte a "conocer lo que no conoces" y a poner en acción lo que conoces. Y, desde luego, Operación HOPE está para acompañarte a cada paso del camino. Visítanos en internet en www.operationhope.org.

Tarjetas de crédito y puntajes crediticios

Informe gratuito de crédito mantenido a nivel federal:

www.annualcreditreport.com

Puntajes FICO de las tres agencias de crédito (suscripción paga):

www.myfico.com

Revisiones, puntajes y comparaciones de tarjetas de crédito:

www.cardratings.com

Herramientas para crear tu propio plan de eliminación de deudas:

powerpay.org/

Guía para ser libre de deudas:

www.wikihow.com/Get-Out-of-Debt

Orientación para elegir una tarjeta de crédito.

Presentar documentación de quiebra económica y reparar tu crédito:

www.operationhope.org/credit-guidance

Jubilación

Una opción de ahorro inicial para jubilación del departamento del tesoro de los Estados Unidos:

www.myra.gov

Calculadora Kiplinger de ahorros para jubilación:

www.kiplinger.com/tool/retirement/T047-S001-retirement-savings-calculator-how-much-money-do-i/index.php

Calculadora de planeación de jubilación:

www.aarp.org/work/retirement-planning/ retirement_
calculator.html

Información básica sobre banca

Un plan de estudios integral sobre educación financiera de la Corporación de Seguros del Depósito Federal de los Estados Unidos:

www.fdic.gov/consumers/consumer/moneysmart

Portal de artículos de educación financiera:

www.finweb.com

Artículos y asesoría sobre finanzas personales:

www.kiplinger.com

Preguntas frecuentes sobre tarjetas de débito:

www.dfi.wa.gov/financial-education/information/

debit-cards-frequently-asked-questions

Cómo entender los ahorros, el crédito, las cuentas de cheques, y las cuentas de jubilación:

www.operationhope.org/banking-basics

Vivienda propia

Herramientas y recursos para compradores de vivienda:

www.consumerfinance.gov/owning-a-home

Una guía para comenzar el proceso de compra de casa:

www.thebalance.com/buying-a-home-guide-to-getting-star-
ted-1798294

Cómo comprar una casa en diez pasos:

money.cnn.com/pf/money-essentials-home-buying/index.html

Dirección sobre políticas de seguros para propietarios de vivienda:

money.cnn.com/pf/money-essentials-home-insurance-policy/
index.html

Herramientas para calcular pagos de hipoteca, compara ofertas de préstamos y analizar exenciones de impuestos por tener vivienda propia:

www.mortgageloan.com/calculator

Aspectos básicos de tener vivienda propia:

www.operationhope.org/home-ownership

Impuestos

Cómo elegir a un preparador de impuestos:

www.irs.gov/uac/points-to-keep-in-mind-when-choosing-a-tax-preparer

Aspectos básicos de declaración de impuestos:

www.thebalance.com/tax-filing-basics-4073924

Impuestos que debes pagar:

money.cnn.com/pf/money-essentials-taxes/index.html

Cómo entender el formulario W2 y declaraciones de salario e impuestos:

www.thebalance.com/understanding-form-w-2-wage-and-tax-statement-3193059

Requisitos para los créditos ganados sobre impuesto de renta:

www.irs.gov/credits-deductions/individuals/

earned-income-tax-credit

Los pormenores de la preparación de impuestos:

www.operationhope.org/taxes

Emprendimiento de empresas pequeñas

Cómo decidir si el emprendimiento es para ti:

guides.wsj.com/small-business/starting-a-business/ how-to-decide-if-entrepreneurship-is-right-for-you

Educación gratuita en línea para emprendedores:

www.scu.edu/mobi/business-courses

Cómo decidir cuál forma legal debería tomar tu empresa:

www.inc.com/articles/2003/09/legal.html

Cómo crear una empresa de responsabilidad limitada:

guides.wsj.com/small-business/ starting-a-business/how-to-start-an-llc

Cómo registrar el nombre la marca comercial de una compañía: guides.wsj.com/small-business/starting-a-business/ how-to-trademark-a-company-name

Cómo reducir la factura de impuestos de tu pequeña empresa:

www.inc.com/guides/reduce-smb-tax.html?nav=relate

Dirección sobre cómo iniciar tu propia empresa:

www.operationhope.org/small-business-entrepreneurship

ACERCA DEL AUTOR

John Hope Bryant es un emprendedor estadounidense, autor, filántropo y prominente líder de pensamiento sobre inclusión financiera, empoderamiento económico y dignidad financiera. Bryant es el fundador, presidente y director ejecutivo de Operación HOPE, Inc.; presidente y director ejecutivo de Bryant Group Ventures y The Promise Homes Company, y cofundador de Global Dignity.

Su trabajo ha sido oficialmente reconocido por los últimos cinco presidentes de los Estados Unidos. Él ha servido como consejero para los últimos tres presidentes y es el responsable de que la educación financiera sea una política en el gobierno federal de los Estados Unidos. En enero de 2016, Bryant llegó a ser el único ciudadano estadounidense privado en inspirar el cambio de nombre de un edificio del campus de la Casa Blanca cuando el edificio anexo al tesoro de los Estados Unidos fue renombrado el Edificio del Banco de Freedman. El legado del Banco de Freedman se ha convertido en la narrativa del trabajo de Operación HOPE: ayudar a que las personas estén completamente integradas a la economía de nuestra nación.

Siendo miembro de la clase fundadora del Foro de Líderes Jóvenes Mundiales y miembro fundador de la Iniciativa Mundial Clinton, Bryant es un influenciador de LinkedIn, aporta al Huffington Post y Black Enterprise, y es miembro de la Red de Expertos del Foro Económico Mundial. Su serie "Derecho al dinero" en Facebook live ha tenido millones de vistas y sirve como una plataforma atractiva para fomentar discusiones esenciales en el espacio digital en torno a la inclusión financiera y el crecimiento social. Bryant ha recibido cientos de premios y menciones por su trabajo, incluyendo el Use Life Award de Oprah Winfrey y el John Sherman Award por la Excelencia en Educación Financiera, otorgado por el Tesoro de los Estados Unidos.

Bryant fue nombrado el innovador del año por la revista *American Banker* en el año 2016 y uno de los cincuenta líderes del futuro por la revista Time en el año 1994. Él es el autor de *How the Poor Can Save Capitalism: Rebuilding the Path to the Middle Class [Cómo los pobres pueden salvar al capitalismo: Reconstruyendo el camino hacia la clase media]* (Berrett- Koehler) y *Love Leadership: The New Way to Lead in a Fear-Based World [Liderazgo de amor: la nueva forma de liderar en un mundo basado en el temor]* (Jossey-Bass).

ACERCA DE OPERACIÓN HOPE

La misión de Operación HOPE, Inc. es empoderar sobre el derecho al dinero, hacer que la libre empresa funcione para todos. Esto lo logramos por medio de nuestro trabajo en campo como el banquero privado sin fines de lucro para los trabajadores pobres, los menos favorecidos y la luchadora clase media. Alcanzamos nuestra misión siendo los mejores proveedores en nuestra clase de empoderamiento con conocimientos financieros para jóvenes, capacitación financiera para comunidades y dignidad financiera para todos.

Desde su creación en 1992, HOPE ha servido a más de 2,5 millones de personas. HOPE también ha encauzado más de $2,8 mil millones de dólares en capital privado hacia las comunidades con baja riqueza, mantiene un creciente ejército de veintidós mil miembros voluntarios de los Cuerpos de HOPE y, en la actualidad, sirve en más de trescientas ciudades de los Estados Unidos, así como en Marruecos, Arabia Saudita, Sudáfrica y los Emiratos Árabes Unidos.

Conozca más en www.operationhope.org.